PNL TÉCNICAS PROHIBIDAS DE PERSUASIÓN

Como influenciar, persuadir y manipular utilizando patrones de lenguaje y PNL de la manera mas efectiva

OLIVER ALLEN

ÍNDICE

Introduction	vii
Ten en cuenta lo siguiente	ix
1. CONCEPTOS BÁSICOS DE PROGRAMACIÓN NEUROLINGÜÍSTICA	1
Los pilares de la PNL	1
Tipos de sentidos	3
Los Resultados	3
La Flexibilidad	4
Cómo detectar las estrategias mentales de otras personas	9
Qué son las creencias y cómo debilitarlas	14
¿Cómo se pueden modificar las creencias?	16
¿Cómo debilitar las creencias?	17
Anclajes y tipos de anclajes	20
Meta programas y Meta modelo	23
Clasificación de los Meta Programas	24
Los Meta Modelos	25
Clasificación de los Meta Modelo	26
2. LA PERSUASIÓN	28
Los principios de la persuasión	28
Las reglas de una comunicación exitosa en los negocios	35
Ejemplos de PNL utilizados por Anthony Robbins para generar ventas	41
Innovar en la estrategia	42
Pasando a la acción	47
3. IMPORTANTE	49
¿Está disfrutando de la lectura de este libro?	49
4. PATRONES DE LENGUAJE APLICADOS A LOS NEGOCIOS	51
Cambiando el estado emocional de las personas	51
¿Cómo podemos reprimirlas o reemplazarlas?	55

Sembrando ideas en la mente de las personas	57
¿Cómo sembrar una idea?	58
Cambiando la dirección de los pensamientos de las personas	60
La ilusión de libertad y elección que puedes persuadir	63
Maneja tu comunicación no verbal	68
Cómo hacer que tus sugerencias sean aceptadas	68
Cómo cambiar creencias	71
Cómo cambiar una creencia que por años ha estado dictando nuestras acciones:	72
Cómo avanzar de los monólogos a las conversaciones persuasivas	74
Cómo usar representaciones internas para dirigir los pensamientos de una persona	80
Los pilares para concretar un negocio exitoso utilizando estrategias de PNL	83
5. RESPONSABILIDAD AL USAR PNL	86
Cómo interiorizar todas las lecciones aprendidas	90
Acerca del Autor	95

Copyright 2020 por Oliver Allen - Todos los derechos reservados.

Este documento está dirigido a brindar información exacta y fiable sobre el tema al que compete. La publicación se vende con la idea de que el editor no está obligado a rendir cuentas, esta oficialmente autorizado, o de lo contrario, los servicios del personal calificado. Si es necesario, asesoramiento legal o profesional, una práctica individual en la profesión debe ser ordenado.

- A partir de una declaración de principios que fue aceptada y aprobada igualmente por un Comité de la American Bar Association y un Comité de Editores y asociaciones.

De ninguna manera es legal para reproducir, duplicar o transmitir cualquier parte de este documento en medios electrónicos o en formato impreso. Grabación de esta publicación está estrictamente prohibido y cualquier almacenamiento de este documento no está permitida a menos que cuente con el permiso por escrito del editor. Todos los derechos reservados.

La información proporcionada aquí se dice sea veraz y coherente, en el que cualquier responsabilidad, en términos de falta de atención o de otra forma, por cualquier uso o abuso de las políticas, procesos o instrucciones que contienen es la solitaria y de absoluta responsabilidad del lector destinatario. Bajo ninguna circunstancia de cualquier responsabilidad jurídica o la culpa se celebrará contra el editor para cualquier reparación, daños, perjuicios o pérdidas monetarias debido a la información contenida en ella, ya sea directa o indirectamente.

Respectivo autor posee todos los derechos de autor no mantenidos por el editor.

La información que aquí se ofrece con fines informativos exclusivamente, y es tan universal. La presentación de la información es sin contrato o cualquier tipo de garantía de fiabilidad.

Las marcas comerciales que se utilizan son sin consentimiento, y la publicación de la marca es sin permiso o respaldo por parte del dueño de la marca registrada. Todas las marcas comerciales y las marcas mencionadas en este libro son sólo para precisar los objetivos y son propiedad de los propios dueños, no afiliado con este documento.

INTRODUCTION

Primero antes que nada me gustaría darte las gracias por la confianza y por haberme elegido para emprender este viaje hacia el mundo de la psicología neurolinguistica. Este libro te ayudara a que domines este mundo y logres obtener resultados notables tanto es tu vida personal como profesional.

Estamos conscientes que incursionarse hacia el mundo de la PNL puede ser tedioso y muy lento cuando no tienes experiencias previas. Por esa misma razón hemos estructurado este libro para que el aprendizaje sea fluido y que cada concepto sea muy fácil de entender y aplicar.

En este libro te enseñare los diferentes abordajes hacia la PNL, porque funciona, cuál es el secreto detrás y también vamos a derribar algunos mitos relacionados con esta disciplina.

Mi objetivo, también, no es solo educarte sino motivarte, a dar ese paso que tanto te cuesta y tomar acción, es por esto que quiero pedirte una cosa, no te rindas a lo largo de este libro, sigue al pie de la letra mis instrucciones, prueba este método de aprendizaje, te prometo que al terminar este libro y aplicar paso por paso mis consejos y enseñanzas vas a lograr dominar la PNL.

INTRODUCTION

Sin más preámbulos, ¡vamos a comenzar!

Muchas gracias por adquirir este libro, espero que lo disfrutes así como yo disfrute escribiéndolo.

OLIVER ALLEN

TEN EN CUENTA LO SIGUIENTE

ADVERTENCIA

Tenga en cuenta que la información contenida en este documento es **sólo para fines educativos y de entretenimiento**. Se ha hecho todo lo posible para proporcionar información completa fiable y actualizada. No se expresan ni implican garantías de ningún tipo. Los lectores reconocen que el autor no se dedica a la prestación de asesoramiento legal, financiero, médico o profesional.

Al leer este documento, el lector acepta que bajo ninguna circunstancia somos responsables de las pérdidas, directas o indirectas, que se incurran como resultado del uso de la información contenida en este libro, incluyendo, pero no limitado a errores, omisiones o circunstancias.

I

CONCEPTOS BÁSICOS DE PROGRAMACIÓN NEUROLINGÜÍSTICA

LOS PILARES DE LA PNL

La programación Neurolingüística es una herramienta para buscar modelos de comportamientos eficaces, está diseñada para las personas que desean buscar soluciones y cambios en sus vidas.

Es una herramienta que nos ayuda a mejorar el entendimiento y la comunicación con otras personas, actuando así de manera correcta en cada situación. Pero para lograr estos objetivos debemos conocer cuatro aspectos fundamentales que nos sirven para comprender mucho más esta metodología.

Existen cuatro pilares básicos que conforman la programación Neurolingüística:

La Compenetración o Rapport

Es la capacidad que tienen las personas para conectarse y relacionarse con los demás, comprender no solo con escuchar, si no también, saber interpretar gestos y movimientos mientras se desarrolla la comunicación entre ambos. Uno de los objetivos de la Compenetración y el Rapport es influenciar a las personas de una manera fácil, creando una sintonía no verbal que se necesita para que la conexión sea realmente efectiva.

Esto significa, crear un ambiente para sentirse identificado, sentirse a gusto, comprender y ser comprendido, crear empatía hasta llegar a conseguir un nivel de confianza con el locutor para expresar libremente sin ningún tipo de temores lo que piensas.

Para llevar a cabo esta técnica se requiere seguir cuatro pasos:

1. El primer paso es usar la calibración mediante la observación, identificar cada uno de sus gestos, su respiración, sus movimientos y cómo se expresa mediante su lenguaje corporal.

2. El segundo paso consiste en escuchar con atención, descubrir qué palabras usa el locutor, su tono de voz, la velocidad de su voz y la frecuencia con la que repite las palabras.

3. El tercer paso es la proyección o ser el reflejo, mejor conocido como el efecto espejo, se basa en corresponder o coincidir a sus movimientos, gestos, respiración y palabras de manera discreta con delicadeza, de esta forma estamos correspondiendo su lenguaje corporal, pero sin ser un total imitador.

4. El cuarto paso es descubrir que las técnicas son correspondidas, se trata de actuar de una manera distinta al interlocutor y observar si este corresponde a los movimientos, gestos, tono o velocidad de la voz que estás empleando. De esta manera se está desarrollando el método Rapport.

Los Sentidos

Mejor conocido como la agudeza sensorial es una habilidad que proviene de los sentidos. Su objetivo principal es perfeccionar la sensibilidad para obtener una mejor comprensión y sintonía con él interlocutor. Hoy en día existen muchos problemas de entendimiento por la falta del desarrollo y sincronización de estos sentidos. Todos poseemos estas habilidades y para agudizar estas acciones debemos practicarlas mientras construimos diversas interacciones en nuestra vida diaria.

Estas habilidades son fundamentales para la práctica de la PNL, para mejorar la calidad de vida en el ámbito personal o laboral. Cuando decidimos llevar a cabo una conversación, podemos observar si el interlocutor nos logra entender. ¿Cómo logramos observar estas negativas? Por medio de gestos o el intercambio de miradas confusas, desde ese momento ya haces uso de la habilidad visual.

TIPOS DE SENTIDOS

Existen 3 tipos de personas que poseen los siguientes sentidos:

Visual: Representado por la vista, existen personas que pueden interpretar de forma visual, los gestos, cambios de miradas, colores, brillo, intensidad, por medio de fotografías. Tienen muy buena memoria para reconocer muchos tipos de caras. Son las personas que tiene la capacidad de recordar gran cantidad de imágenes en un corto tiempo, también se caracterizan por hablar muy rápido.

Auditivo: Representado con el oído, son las personas que pueden percibir con facilidad distintos tipos de sonidos, por medio de la música, el timbre de voz, las palabras y el volumen. Son las personas que les gusta escuchar y prefieren obtener conocimientos y explicaciones por medio de la conversación.

Kinestésico: Representado con los sentidos o sensaciones corporales, son las personas que le dan más importancia a las sensaciones internas y externas, utilizan el sentido del tacto, las texturas, el tamaño de las cosas, también se caracterizan por su forma de hablar despacio y pausado.

LOS RESULTADOS

Se basa en enfocarse en los resultados finales que se desean obtener, saber lo que queremos lograr es el primer paso para conseguir el éxito. La PNL nos motiva a cuestionar constantemente lo que deseamos, realizando distintos planes de acción para alcanzar la meta deseada.

Es un pilar enfocado únicamente a construir una solución, sin meter las dificultades o ningún tipo distracciones y pensamientos negativos que puedan retrasar los objetivos, siempre con muchas opciones totalmente positivas.

Es muy importante tener claro lo que necesitas y los niveles para alcanzar tus planes, marcar objetivos saliendo de tu zona de confort, eliminando las excusas. Para definir una meta se deben realizar algunas preguntas: ¿Cuál es el deseo? ¿Qué se logrará con el deseo? ¿Cómo ordenar las ideas? ¿Cuáles son los puntos para alcanzar el deseo? ¿Cómo realizar un esquema para realizar el deseo? ¿Cuáles son las opciones que se tienen?

LA FLEXIBILIDAD

Ser flexible es uno de los pilares más importantes en la programación neurolingüística, se basa en cambiar de opinión si es necesario cuando los resultados no son obtenidos de la manera planeada. Siempre deben existir varias opciones, comportamientos, estrategias u opiniones.

Mientras más opciones se tengan, mayores serán las posibilidades de alcanzar el éxito, usar la agudeza sensorial en la flexibilidad nos permite observar lo que está sucediendo y tener el control para realizar los ajustes convenientes.

Tener exceso de flexibilidad también puede ocasionar resultados negativos. Crecen las dudas, las indecisiones y esto conlleva a la pereza, la prolongación de la toma de decisiones, hasta perder por completo el interés.

El secreto está en no hacer siempre lo mismo si los resultados no están presentando respuestas positivas, dejar a un lado todas las costumbres y descubrir nuevas técnicas de operación. Permitir realizar nuevos ajustes de comportamientos siempre será necesario, no todas las personas poseen esa flexibilidad.

Pero la PNL nos enseña que es fundamental no insistir en realizar lo mismo una y otra vez, todo consiste en la búsqueda de estrategias que nos ayuden a crecer, que nos ayuden a entender y ser entendidos.

Sistemas representacionales o sentidos

Los sentidos ocupan un papel muy importante en la Programación Neurolingüística, forman parte de los pilares básicos de estas herramientas que empleamos día a día. La PNL está diseñada para encaminar nuestras actitudes o reacciones por medio de patrones aprendidos, para alcanzar nuestros objetivos.

Sus estrategias de comunicación sirven de mucha ayuda para

desarrollar a los seres humanos y convertirlos en mejores personas. Gracias a sus estrategias se pueden lograr cambios en los patrones de comportamientos y leer el lenguaje corporal.

En estos sistemas es importante hablar sobre la realidad, muchas personas piensan que todo lo que observan es real y todos lo ven de la misma forma. Pero no es así, las personas solo perciben una parte de la realidad, de una manera totalmente distinta a otros. Cada persona observa una parte diferente de la realidad dependiendo de sus experiencias de vida, personalidad o preferencia.

Por ejemplo:

Un grupo de tres amigos se reúnen en un nuevo bar a conversar un poco, al culminar su reunión ya de camino a su casa, uno de ellos se le ocurre expresar su opinión sobre el nuevo bar, comentando: "Me gustó mucho el lugar, la iluminación es excelente, el estilo y los posters pegados en la pared son geniales".

El segundo amigo comenta: "Tienen muy buena música, pero el volumen estaba un poco alto, mucha gente estaba hablando, pero sin embargo logramos conversar". El tercer amigo comenta: "Me gustó mucho la atención del personal, la comida estaba muy bien, pero la mesa era muy pequeña e incómoda para comer, deberían adaptarlas también para personas altas como yo".

Aquí podemos observar que los tres amigos fueron al mismo lugar e hicieron las mismas cosas, pero cada uno de ellos tiene una opinión distinta del bar, percibiendo la realidad de formas totalmente diferentes. Para algunas personas es difícil lograr entender a otras personas o ser entendidos, ya que, las formas de ver las cosas no son iguales y esto conlleva a la confusión y algunas veces a la frustración.

La clave para mejorar estas confusiones y para lograr una comunicación eficaz, es tratar de identificar cómo actúan y perciben los demás, y aquí es donde entran los sentidos. Los sentidos ayudan a recolectar la información necesaria para lograr relacionarnos y entender a otras personas, son necesarios para interpretar la información recolectada.

Los órganos sensoriales son los receptores para recolectar esa información por medio de formas, sabores, colores, actitudes y texturas que observamos en nuestro entorno, estos originan comportamientos, pensamientos, análisis, conductas y acciones que justifican la forma de interaccionar y relacionarse con otras personas.

Las personas hacen uso de todos los sentidos en su vida diaria para discernir la realidad, pero algunos tienden a tener preferencias por uno de ellos, lo manejan de mejor manera, se sienten más confiados y se adaptaron a ellos. Por esta razón es tan difícil tratar de comprender y comunicarse con las personas por igual.

Los sistemas representacionales se les denominan como "filtros" en la programación neurolingüística, estos son segmentados habitualmente en tres canales: Visual, Auditivo y Kinestésico.

1. Sistema Visual

La vista permite que las personas puedan observar el mundo que los rodea, la visión depende del cerebro y los ojos. El trabajo principal de la vista es captar los rayos de luz, esta luz trabaja con el cerebro para convertirla en imágenes. El cerebro se conecta con el sentido de la vista para detectar las cosas que se observan día a día, reconociéndolas gracias a toda la información almacenada en tiempos pasados.

La mayoría de la población está conformada por personas visuales, pero algunas desarrollan mucho más este sentido en particular, perciben la realidad principalmente con la vista, convirtiéndola en una herramienta en su vida cotidiana.

Las personas visuales se caracterizan por:

- Ser muy observadoras y fijarse en cada detalle de todas las imágenes que ven.
- Constantemente están pensando en imágenes. Pueden construir muchas de forma rápida y al mismo tiempo.
- Les gusta describir durante una conversación, con una mirada perdida mientras se imaginan el escenario.
- Siempre están pendientes de su aspecto, vestimenta, combinación de colores, accesorios, cabello, se ven mucho al espejo.

Son metódicos en la escritura, no tienen faltas y se toman el tiempo adecuado para que se vea perfecto.

- Sienten la necesidad de observar mientras le hablan y ser observados, así están más confiados en que lo explicado será entendido.
- Son personas ordenadas, les gusta organizar las cosas y verlas siempre en el sitio que les corresponde.
- Tienen un timbre de voz alto y suelen hablar muy rápido.
- Recuerda lo que ven con facilidad, son buenos para distinguir la cara de las personas, pero no sus nombres.
- Comprenden las cosas de una mejor manera por medio de imágenes, si tienen mucho tiempo escuchando pueden a ponerse inquietos impidiendo la concentración.

Las personas visuales suelen hacer uso constante de las palabras y frases como: "Está bien visto, visualizar, tuve una visión, a simple vista, pude lograr percibirlo, ilustrar, ya veremos, observa y busca". Tienen preferencia por los procedimientos visuales, hacen uso de la información almacenada en la memoria de forma visual para recordar, comprar o tomar decisiones. La forma de mantenerse en contacto con todo lo que les rodea y la forma de ver al mundo es visual.

2. Sistema Auditivo

El oído es el sistema primordial para percibir los sonidos, los oídos están activos constantemente recibiendo ondas sonoras, trabajando junto al cerebro para transformar las ondas en el habla (la voz) o en música. El cerebro interpreta rápidamente las ondas sonoras trabajando de manera constante y permitiendo que las personas puedan escuchar sonidos tras sonidos, sin problemas para distinguir cada uno de ellos.

Al igual que el sistema visual, el sistema auditivo trabaja de manera comparativa, permitiendo a las personas comparar los sonidos captados en distintas ocasiones, detectar de dónde proviene, la causa que lo generó y cómo nombrarlo.

Las personas auditivas se caracterizan por:

- Ser buenos oradores, comprenden todo lo que escuchan y lo explican de manera perfecta.
- Aprenden todo lo que oyen, son excelentes receptores.

- Mueven los labios mientras están leyendo, se distraen con facilidad en las descripciones largas y no le toman importancia los dibujos, grabados o estampados.
- Les gusta escuchar música la mayoría de su tiempo y mantienen una comunicación con ellos mismos.
- Logran recordar por medio de la imaginación con sonidos, pueden reconocer a las personas por su nombre y no es bueno recordando rostros.
- Poseen un excelente léxico, expresando sus ideas de forma ordenada y correcta.
- Tienen un tono y timbre de voz modulado, hablando manera lenta y musical.
- No son tolerantes a los sonidos muy altos, causándoles desconcentración e incomodidad.
- Piensan de forma secuencial, pueden imaginar y pensar en muchos sonidos al mismo tiempo.
- Suelen usar ropa conservadora.

Las personas auditivas suelen hacer uso constante de las palabras y frases como: "Me gusta su tono de voz, es inaudito, no te escucharé, oídos alertas y oídos sordos". Tienen preferencias por los acontecimientos por medio de sonidos, pueden percibir de manera secuencial un sonido tras otro.

3. Sistema Kinestésico

La cinestesia o kinestesia estudia el movimiento humano, las personas kinestésicas construyen la realidad por medio de sensaciones y movimientos del cuerpo englobando los tres sentidos que son el olfato, el gusto y el tacto. En la PNL son muy conocidas por su lentitud y tranquilidad, se toman su tiempo para analizar y conectarse antes de actuar o decir algo.

Las sensaciones son las herramientas fundamentales para las personas kinestésicas, existen tres tipos de sensaciones: Las sensaciones propioceptivas mejor conocidas como los "receptores sensoriales", las sensaciones viscerales se relacionan con los órganos y detector de los dolores. Y, por último, las sensaciones táctiles son las que distinguen las texturas, la dureza, las temperaturas y la suavidad de los objetos.

Las personas kinestésicas se caracterizan por:

- Recuerda lo que hace por las impresiones causadas en el momento.
- Se deja llevar fácilmente por los sentimientos y las sensaciones de su cuerpo.
- Son personas emotivas y en algunos casos impulsivas.
- Le gusta estar relajado, por lo que busca siempre su comodidad en posiciones corporales y vestimenta.
- Perciben y aprender a través de las experiencias vividas.
- Necesita estar siempre entretenido, puede ser con de actividades físicas.
- Prefieren las cosas palpables con los que puedan relacionarse personalmente.
- Les gusta atender a las personas y se fijan constantemente en las atenciones que le brindan los demás.
- Disfrutan el sabor de los alimentos.
- Son personas que se mueven constantemente y gesticulan mucho.

Las personas kinestésicas suelen hacer uso constante de las palabras y frases como: "Estamos en contacto, la discusión se pone caliente, tienes ideas sólidas y me sabe bien". Son catalogadas por dejarse llevar por los sentimientos y emociones.

Los sistemas representativos están presentes en todos los seres humanos, pero de distintas formas, algunos desarrollan o se sienten identificados por uno en especial. Para aprender a comunicarse de manera confiada con las personas y entender un poco más su comportamiento lo ideal es analizar muy bien cada uno de estos sentidos y llevándolos a la práctica día a día.

CÓMO DETECTAR LAS ESTRATEGIAS MENTALES DE OTRAS PERSONAS

En la Programación neurolingüística el cerebro es una herramienta que se enfoca en la búsqueda de objetivos, pero no siempre son los objetivos que se desean alcanzar, ya que, el cerebro también puede trabajar de manera inconsciente. Los humanos no tienen control total de su cerebro, pues este puede trabajar de manera independiente, guiado por mucha información almacenada a lo largo de sus experiencias vividas, que son usadas como un respaldo para actuar o responder inconscientemente a cualquier situación que se presente, sea negativa o positiva.

Las estrategias mentales son los conjuntos de pasos que debe seguir el cerebro para conseguir un objetivo de forma inconsciente. Sin la presencia de estas estrategias las probabilidades de conseguir resultados positivos son totalmente negativas, que conducen al camino de la duda, construyendo inseguridades que motivan al abandono de los proyectos deseados.

Cuando se integran las estrategias de una manera adecuada, automáticamente se van construyendo una serie de acciones motivantes que se activarán a medida que las ideas van fluyendo, para lograr alcanzar esos proyectos.

Cada conducta humana es controlada por la mente, estas conductas se pueden manifestar por orden de pensamientos en modalidades de representación: kinestésica auditiva, kinestésica visual, auditiva, visual, olfativa y gustativa, todos estos datos se introducen en el cerebro, convirtiéndose así en programas internos.

Estas modalidades permiten al ser humano desarrollar de una manera eficaz la distribución de las técnicas y estrategias mentales, también son utilizadas como anclajes para construir sensaciones, emociones y pensamientos de manera positiva que refuerzan la seguridad, la confianza y la autoestima.

También es posible observar si una persona está usando alguna estrategia mental, por medio de sus comportamientos, forma de hablar, tono de voz, seguridad e inseguridad. Cómo explicamos anteriormente, se pueden representar de forma negativa o positiva, los nervios o la tristeza son signos de negatividad, existen personas que presentan niveles de angustia o preocupación constante. Aquí se puede denominar la presencia de una estrategia mental negativa en marcha.

Mientras que la alegría o el entusiasmo pueden ser signos positivos, existen personas que siempre demuestran entusiasmo y tienen una solución para los problemas que otras personas pueden ver casi imposibles de resolver. Esas son estrategias mentales positivas. La mente puede actuar de manera inconsciente a ciertos acontecimientos que se asemejan a experticias vividas con anterioridad, estas actitudes pueden servir de mucha ayuda y en ocasiones puede resultar un problema.

A continuación, describiremos dos ejemplos sobre cómo se comportan las estrategias mentales en los seres humanos y como detectarlas

A) Cuando una persona decide ir de compras a un centro comercial para comprar un pantalón negro, esto quiere decir que ya tiene un objetivo planteado y para crear este objetivo tuvo que analizar e imaginarse el pantalón y su color. Al llegar al centro comercial se acerca a su tienda favorita, observa detenidamente en busca de un pantalón negro, al encontrarlo nota que en la misma fila hay otros pantalones de distintos colores, en este momento la persona pierde el enfoque a su objetivo. Entra en duda en decidir si de verdad es necesario llevar el pantalón negro cuando puede llevar uno de otro color, este es el momento de la indecisión.

La persona se pregunta ¿Necesito el pantalón negro con urgencia, pero me gusta el otro pantalón? ¿Sera que puedo dejarlo para después y comprar el pantalón amarillo? solo puedo comprar uno. ¿Y si me compro el amarillo y luego necesito el negro? ¿Y si compro el negro y al llegar a casa me arrepiento?

Al final la persona termina comprando el pantalón amarillo sin darle importancia a su objetivo principal, que era comprar el pantalón color negro que necesitaba con urgencia.

En este ejemplo podemos observar que existen estrategias mentales negativas, visuales y pensamientos auditivos. La persona tenía un objetivo planteado, pero su cerebro la llevó a sentir dudas, temor e inseguridad, desviando su atención y terminando en que esta cambiara de opinión.

B) En un salón de clases se llevará a cabo una explosión, una pareja de estudiantes está totalmente preparada y decidida a exponer el tema que le asignó la profesora, el objetivo principal es realizar la exposición y que los dos integrantes confronten el tema de manera exitosa. Al momento de pasar la primera estudiante, la integrante Sabrina, esta tiene mucha seguridad en sí misma para exponer y todo va saliendo muy bien.

Pero mientras tanto, el segundo integrante llamado Álvaro, comienza a ponerse muy nervioso, descubre que poco a poco olvida toda la información que logró obtener en sus investigaciones y estudios constantes para que la exposición saliera excelente. Mientras observa a su compañera exponer, el cerebro de Álvaro empieza a construir una serie de preguntas, logrando así sumergir en dudas al estudiante y desviarlo de sus objetivos.

Álvaro se pregunta a sí mismo: ¿Estoy muy nervioso, será que puedo exponer así? Mi compañera lo está haciendo muy bien, no creo poder hacerlo como ella.

Sabrina lo observa mientras termina de exponer y nota qué Álvaro está actuando de una manera muy extraña, termina su turno y rápidamente entra en contacto con su compañero y le pregunta: ¿Qué le está ocurriendo? Álvaro responde que está muy nervioso y no cumplirá su parte, por lo nervios ha olvidado todo el contenido de la exposición. Sabrina le da ánimos y le refresca un poco la memoria sobre el tema, le dice que sí puede, que tenga ánimos y este se siente motivado a exponer, alejándolo de sus miedos y concentrarse en su objetivo.

En este segundo ejemplo se observa que existen estrategias mentales positivas y negativas, también descubrir cómo se pueden detectar las estrategias mentales de otras personas. Sabrina detectó visualmente y auditivamente como Álvaro actuaba de una manera extraña, observando estrategias mentales negativas como los nervios, la mirada perdida, su desvío del objetivo y cambio de decisión repentina por falta de seguridad en sí mismo.

Mientras tanto por la parte de Sabrina podemos observar que existen estrategias mentales positivas con flexibilidad, la seguridad en sí mismas, la facilidad de exponerse frente a otras personas y su desempeño en tener firme sus objetivos. Pero no solo eso, también ayudó a su compañero en la búsqueda de su seguridad, por medio de sus ánimos, sus palabras y mente positiva.

En conclusión, en estos ejemplos nos encontramos con tres tipos de personas que utilizan estrategias mentales de diferentes maneras, la kinestésica auditiva, kinestésica visual, auditiva y la visual.

La persona que se deja derrotar por las malas decisiones e inseguridades que se crean en su mente, la persona insegura que prefiere abandonar sus objetivos a causa de sus miedos y falta de confianza en sí mismo. Y, por último, la persona que está dispuesta a cumplir con sus objetivos, que siempre tiene una mente positiva, dispuesta a compartir sus estrategias mentales para ayudar a quienes lo necesitan.

Estas estrategias también se pueden manifestar de manera olfativa y gustativa. Por ejemplo, cuando una persona quiere comprar un perfume y busca el olor más agradable para ella, esta tiene que decidir, y para lograrlo debe oler cuál de todas las fragancias le conviene más hasta encontrar su favorita. Esta es la estrategia mental olfativa y visual.

En el caso de las estrategias gustativas continuamos con las comparaciones, por ejemplo, cuando le regalan dos pedazos de pastel de distintos sabores a una persona, y le preguntan: ¿cuál fue el pedazo que le gustó más? Esta debe realizar una comparación de sabores y analizar cuál de los dos sabores es su favorito. Aquí se practica la estrategia mental gustativa.

Para obtener estas estrategias de la Programación Neurolingüística el programador debe utilizar una serie de procesos y realizar estructuras para llevar a cabo su investigación sobre el lenguaje de la PNL, estas se dividen en tres partes:

1. En forma de predicados: El programador debe pedirle al sujeto que describa cómo son sus procesos para desarrollar las estrategias que sean necesarias para llevar a cabo un objetivo. Esto ayudará que el sujeto exprese lo que hace para que él programador descubra cuales son las acciones del sujeto ante sus estrategias.

2. En forma verbal: Practicando el metalenguaje el programado realiza una serie de preguntas basadas en algunos acontecimientos que requieran una solución, el sujeto responderá cada una de ellas espontá-

neamente manteniendo una conversación entre ellos, permitiendo a su vez que el programado analice las fallas o debilidades del sujeto.

3. En forma visual: El programado debe usar el método de la observación en los movimientos oculares del sujeto, sus cambios de reacciones, velocidad de la respiración, relajación muscular, movimientos corporales y cambios de posturas. La forma visual es una de las herramientas más utilizadas para la investigación de los lenguajes de la PNL.

Las estrategias mentales son conductas humanas que son dirigidas por sistemas internos de información recopiladas y enviadas al cerebro, que suelen presentarse inconscientemente promedio de comportamientos, conversaciones, actitudes que suelen desarrollarse de manera natural. Con la información adecuada y la práctica se lograrán manejar de forma profesional para lograr los objetivos de una manera positiva.

QUÉ SON LAS CREENCIAS Y CÓMO DEBILITARLAS

¿Qué son las creencias?

En la programación neurolingüística las creencias están arraigadas a una conducta fuerte de la imaginación de crear algo, es la fuerza de convencimiento tanto positivo como negativo de la percepción humana, arraigado en la iniciativa del ímpetu del convencimiento propio del ser humano en la creación de reglas, para poder tener iniciativa de manera individual.

Muchas veces la creencia parte del hecho de una conciencia empujadora o cómo otros dicen *"voz interior"*, que les establecen parámetros del mundo haciendo una imaginación de lo que puede o no puede creer, lograr, realizar, tomar entre muchos.

Cuando se funda la creencia de manera positiva o negativa esta puede ser vista en diferentes perspectivas, por consiguiente, ser de impulso o ser de detenimiento, ya que, las creencias son imágenes sensoriales de la imaginación, fuera de toda realidad palpable. Cuando se habla de creencia, la mente se hace la imaginación de creer que existe algo más allá de la realidad.

Las creencias positivas

Las creencias positivas van dadas de las experiencias positivas, experiencias llenas de esperanzas que han alcanzado el objetivo imaginado en el pasado. El individuo, antes de analizar un tema, sea específico o general, se da a la tarea de hacer la planificación en base a sus creencias. Su fe y sus conocimientos que ha enriquecido su ego de llegar a hacerlo sentir más seguro, y por ende le da creencia de que se podrá ejecutar lo planificado.

La creencia positiva como ejemplo: Los vendedores de seguros que planifican una cartera de posibles clientes y se dan la tarea de crear un ambiente positivo, inculcando creencias negativas a sus clientes. Así estos se sentirán seguros de que en el futuro tendrán la posibilidad de tener un accidente o por lo menos una enfermedad, y este se vea envuelto en adquirir su producto, para evitar en el futuro inconvenientes, tanto particular como familiar. Así las personas tendrán la creencia que con lo adquirido estarán más protegidos. Estas se llaman "creencias externas".

Las creencias negativas

En lo negativo la creencia se vuelve un obstáculo, un ancla. Esta está ligada a la creencia externa que manipula al individuo de una manera u otra a creer en falsas acciones, inculcadas por un agente externo.

Un ejemplo de creencia negativa: Siguiendo con el ejemplo anterior, negativamente el vendedor de seguro está inculcando a su cliente creencias inventadas para su propio beneficio.

En general las creencias son basadas por tradiciones o por herencias, que vienen dada por pocos o muchos individuos idealizando una proposición planteada, dando como resultado una verdad (dando a la mente una creencia tan perceptible que así no exista la ejecutan). Esto se observa en las creencias religiosas o empíricas, a diferencia de la creencia científica que se crea a partir de datos y métodos para la verificación utilizando cálculos precisos.

Para otros individuos la creencia es vista como una serie de reglas basadas en fallos propios, sea de un grupo o un conglomerado, partiendo este de un mismo individuo que hace que los demás piensen igual dado a su experiencia de vida, estas personas son tomadas como guías.

En la actualidad el humano se comporta de una manera idónea para conseguir placer, pero todo placer conduce a la satisfacción o al dolor causado por la imaginación. La certidumbre que esta puede acarrear en la creencia lleva a experimentar sensaciones tan inimaginables como lo es el límite de sus conocimientos, dando un punto claro que son completamente subjetivas y que pueden cambiar según su perspectiva.

¿CÓMO SE PUEDEN MODIFICAR LAS CREENCIAS?

En la programación Neurolingüística las creencias pueden ser modificadas, bosquejadas y alteradas para el uso común, pero desmentida por la realidad. Las creencias pueden siquiera influir mucho en la sociedad, hasta determinar el grado de inteligencia de estos y esta va de la mano con la creatividad.

Todo ser pensante está propenso a modificar su realidad ya que estas fueron inculcadas durante nuestra infancia, de manera directa o indirecta; directa por la ignorancia del ser en creer lo que se promueve en el núcleo del crecimiento e indirectamente, por adquisición de conocimiento empírico y de ejecuciones sin basamento de los antecesores.

La creencia es anulada por la curiosidad, cuando un individuo mantiene curiosidad con respecto a una creencia, este tomará la medida necesaria para hacer realidad la creencia que lleva consigo desde su sentido común, para involucrar sentidos y experimentar el grado de credibilidad que existe en esta. El arriesgado pasa de creer a hacer y el resultado final lo obtendrá dependiendo del nivel de reglas que la creencia ha puesto en su entorno.

Este tipo de creencia se observa arraigada a la religión, donde el ser humano ha de creer en una fe inculcada por sus antecesores, en crear una realidad universal dentro de las culturas trascendiendo incuestionablemente. Es una provocación al orden que dichas tradiciones son testimonios de pensamientos de padres fundadores que impulsan a una sociedad abierta, pero con poca comprensión para ser manipulados en masas.

A pesar de que las creencias para muchos provienen de escuchar muchas veces lo mismo que se hace creíble, pero de igual manera, estas ideas tienen una limitante. Tienen una condicional, tienen una doctrina, que son supervisadas y obligadas a creer en cosas, que, por ende, no se han materializado por la propia curiosidad misma del ser humano, sino por la pereza de escuchar y sentirse seguro en un mundo de ilusiones.

Limitaciones de las creencias

Las limitaciones muchas veces comienzan con un *"No Puedo"* o *"No Soy"*. ¿Por qué de manera negativa? Porque el ser humano se hace la idea de que lo positivo es más frustrante para conquistar, que el éxito es más complicado que el fracaso y rechazan la idea de sentirse derrotados.

De ahí aflora una manera crítica interior que, con fuerza, parte a la transferencia de las limitantes a otros individuos, siguiendo un patrón de falsas creencias que se convierte en realidad naciendo un nuevo eslabón de la cadena de creencias.

Una de las limitantes en la PNL es la creencia a la comparación, así como también la creencia de errores desconocidos. Según la perspectiva de la persona muy pocos se dan la tarea de cambiar las representaciones de sus creencias, y mucho menos inician el emprendimiento de su propio camino. No se plantean objetivos que puedan dirigir los esfuerzos a obtener sus propios logros y cuestionarse si ha sido sencillo o tan difícil como lo creían.

¿CÓMO DEBILITAR LAS CREENCIAS?

Una de las cosas que podría ayudar a debilitar las creencias que han sido inculcadas a través de los años, es el desarrollo de la confianza en sí mismo, abrir la mente a la comprensión de que cada propósito tiene su metodología de aplicación, que no existe discrepancia entre intentar y fallar. La creencia de por sí es imaginable la realidad es tajante.

En la PNL la creencia también debilita al individuo cuando aumentan las excusas y su creencia es el método de escabullirse de la realidad. En muchos casos se sufre debido a acciones e inacción de los individuos a los alrededores, y ahí crean una verdadera falsa creencia de, *"por tu culpa"*.

Se debe estar en constante pensamiento de que nadie, absolutamente nadie, puede cambiar los ideales, situación y decisiones.

¿Se debe aplicar el desarrollo de habilidades? ¡Sí! las personas deben prestar más atención a las virtudes, que son capaces de crear en las personas, los logros en sus vidas más allá de haber creído y cuestionado de si ¿era posible, o no? Es necesario no darle importancia a cada error y darle comienzo a la aceptación de los errores.

Gran parte de lo que se piensa afecta la perspectiva, a la realidad del mundo que los rodea. Las limitaciones mentales es el resultado muchas veces de donde se obtiene conocimientos por primera vez. La familia, las instituciones, las amistades o el simple hecho de caminar y escuchar a los demás, les da afloro a cambiar nuestra perspectiva, involucrando muchas veces el miedo y llegando nuevamente a la pregunta ¿Puedo o No Puedo? ¿Lo haré o no lo haré?

¿Puedo o no puedo? Se debe cambiar a ¿Y si lo intento?, es la manera de auto motivarte. Esto sucede muy a menudo en los enamorados. Cuando se trata de expresar sentimientos y te sientes inseguro porque primeramente el amor propio no lo has fortalecido y la propia confianza aumenta el temor a sentirte lastimado.

Pero con un buen impulso de conocimiento de autoestima sentirás la confianza y aprenderás a ser merecedor de amor, que tiene mucho que ver con la perspectiva inculcada desde el nacimiento.

A parte de todo existe una creencia muy positiva en el subconsciente del ser humano, y es arraigado al sueño. Esta creencia tiene mucho que ver con la creencia positiva y negativa, positiva porque te crece el estímulo de romper barreras y paradigmas en busca de la plena felicidad.

En lo negativo, al no perseguir ese sueño tan anhelado te quita la felicidad de la vida. He aquí un motivo para cambiar de creencia a realidad para entonces sentirte satisfecho contigo mismo, con la vida y con las personas que te rodean.

Otra motivación de cambio en la creencia es el éxito personal, muchas personas no encuentran el éxito por las limitaciones de sus creencias, en establecer que no necesitas tener éxito, dinero, amistades, para sentirse bien consigo mismo. Ya que los inculcadores de esta creencia piensan que no lo necesitan porque no los tienen y así han vivido por generaciones, presionados por la creencia de no tener éxito o hacer una acción de manera amoral y terminar decepcionado.

No se debe tener miedo, aunque tampoco se debe sobrevalorar la realidad, todo es mejor cuando la realidad es objetiva. Se debe ir acumulando información de sus propias experiencias, como dicen "Comer Carne roja aumenta el colesterol", pero ¿has comido carne roja y has verificado sus valores, con respecto a esta creencia inculcada por la humanidad? Todas las referencias son distintas, todos los humanos son distintos, siempre se obtendrán resultados diferentes así se realice el mismo método.

Implementar una metodología para debilitar las creencias, no es tan fácil como se ha descrito en este libro. Debe haber preguntas, curiosidades, sentido de crecimiento, pero poner en práctica y dejar a un lado las típicas creencias comenzando a vivir de manera positiva.

La mente lo puede todo, pero nuestra esencia modifica nuestra realidad, no se puede seguir diciendo al mundo "yo soy así", "así nací", "así es mi familia". Las personas son como deciden o no quién ser, y de igual manera están tomando una decisión con respecto a la propia creencia o a la creencia que llevan predicando.

Existen otros métodos implementados para hacer cambiar y debilitar creencias o simplemente adoptarlo como la creencia propia, evitando así que te invadan las creencias de otras personas, requiriendo la importancia de poder reconocer las limitantes e impulsándote por obtener el éxito o la materialización de los sueños.

En resumen, las creencias inculcadas de por sí, son negativas así tenga un impacto positivo en la sociedad o en una persona específica. ¿Por qué? Porque se deben limitar a reglas sin sentido de vida, reglas que fueron creadas por personas que creen en sus propias creencias.

Lo que deben hacer las personas es darse cuenta de que deben aprender a ser responsables de sus acciones, y si se requiere ayudar a otras personas deben auto cuestionar las creencias y el impacto que estas puedan tener en otras personas que, de manera inconsciente, serán seguidores y multiplicadores de las mismas.

Las creencias no son permanentes y por ende variable, no pueden dejar de existir ya que no se tendrá un espíritu soñador. Las creencias están ahí para asegurar todo bienestar y control mental del subconsciente y te da seguridad, mantenimiento. Así la idea principal que es el descubrir lo que realmente se es capaz de hacer, sea por sentirse bien consigo mismo o de aprender realmente de qué son capaces.

- ¿Las Creencias se deben mantener para alcanzar el éxito?
- ¿Cuáles son las creencias útiles?
- ¿Cuáles nos ayudarán firmemente en el recorrido de nuestro éxito?

Para que las personas estén en paz con ellos mismos, deben tener cierto grado de estabilidad, esta les proporcionara sensaciones de seguridad y, por ende, más allá de las creencias lo conveniente es aprender y reorganizar las diferentes ideas e interpretaciones derivando la flexibilidad mental. Pero repercutirán las dudas y no hay nada mejor que reformular las creencias y de poseer negaciones, se deberán volver a definir.

ANCLAJES Y TIPOS DE ANCLAJES

¿Qué es un anclaje?

El Anclaje, una de las técnicas más famosas de la Programación Neurolingüística, es un estímulo externo que se desarrolla por medio de ideas, emociones, pensamientos, sensaciones y experiencias. Es un aprendizaje donde la memoria trabaja por medio de la asociación o conexión de una experiencia conectada con otra experiencia.

Los humanos y los animales poseen estos estímulos naturales que se van creando en el cerebro y se pueden reflejar de forma consciente e inconsciente de manera positiva causando estados de confort o de manera negativa causando sensaciones de incomodidad.

Origen de los anclajes

El psicólogo Iván P. Pávlov ganador del Premio Nobel de Medicina en el año 1904 realizó una serie de investigaciones sobre la salivación y el proceso digestivo de los perros. En ese momento no entendía el motivo por el cual los perros salivaban tanto al solo oír los pasos de sus dueños, sin que ellos tuvieran algún tipo de comida en sus manos.

Pávlov utilizó una campanilla como herramienta mientras el perro comía, la hacía sonar y repetía el mismo proceso en varias ocasiones, un día decidió sonar la campanilla sin tener ningún tipo de alimentos a su alrededor y descubrió que el perro nuevamente salivaba.

Descubrió así que, el perro podía relacionar el sonido de la campana con su comida, sin necesidad de verla y olerla, estas relaciones tienen como nombre *"Reflejo Condicionado"*.

¿Para qué sirve los anclajes?

Las anclas sirven de gran ayuda para obtener resultados emocionales positivos como la seguridad, tranquilidad, confort y confianza. Las personas lo usan mucho como método de calma en momentos difíciles donde los nervios, el estrés, los bloqueos y el miedo se hacen presentes. Utilizan los anclajes para sustituir un momento negativo por un pensamiento positivo, con alguna experiencia gratificante almacenada en el cerebro en tiempos pasados.

Estas técnicas pueden ser usadas para superar los sistemas de amenaza que impidan realizar un objetivo en el ámbito social, laboral, profesional, familiar y ámbitos de vida. Es una herramienta que le permite las personas tener un mejor desenvolvimiento y flexibilidad en su día a día.

Tipo de anclajes

En la Programación Neurolingüística los anclajes tienen una fuerza de poder donde las personas pueden ordenarle al subconsciente trabajar de manera inmediata. Pero no todas las personas lo hacen de la misma forma, el anclaje debe ser diferenciado y adaptado en el momento que será utilizado, ya que existen varios tipos de anclajes.

Anclaje visual

Diseñado para las personas que destacan por ser visuales, son aquellos que construyen o visualizan una imagen en base a recuerdos, reproduciendo esos acontecimientos y reviviendo ese momento. Estos pueden ser externos o internos, se manifiesta por medio de colores, imágenes y formas.

- Por ejemplo: Una persona que escoge una experiencia gratificante por medio de un recuerdo en la playa, visualizando las olas del mar, el color del mar, el color y la forma de las palmeras y la imagen del sol, experimentando sensaciones de plenitud por medio de ese escenario visualizado.

Anclaje físico

Diseñado para las personas que se destacan por ser kinestésicas, son aquellos que construyen o visualizan un escenario por medio del tacto, tocando una parte de su cuerpo, cerrando los ojos, por medio del gusto, con el reconocimiento de olores o sensaciones.

- Por ejemplo: Una persona que le gusta el olor de las rosas, se encuentra en un estado negativo nervioso y necesita entrar en contacto con una rosa para entrar en estado de relajación, al olerla su mente reproducirá automáticamente recuerdos que tengan relación con el olor de la rosa. Puede ser un escenario donde la persona se encuentra en un jardín con muchas flores hermosas, donde podía sentir mucha felicidad al ver tanta belleza.

Anclaje auditivo

Diseñado para las personas que se destacan por ser auditivos, son aquellos que construyen o visualizan un escenario con ayuda de los sonidos, por medio de la música, voces, timbres de voz y palabras o una frase en particular.

- Por ejemplo: Una persona tiene una entrevista de trabajo, mientras espera su turno para la entrevista puede notar que siente mucho miedo y para desconectarse de ellos busca su celular y reproduce una canción muy alegre. Su cerebro se conecta con el sonido y comienza a revivir o construir un momento feliz donde disfrutaba con la misma canción.

Anclajes Funcionales: Son los que ayudan de manera positiva a superar los problemas que nos impiden alcanzar los objetivos, se reflejan por medio de recuerdos positivos o experiencias positivas.

- Por ejemplo: Cuando una persona visita después de tanto tiempo un centro comercial y observa uno de los lugares donde frecuentaba mucho con sus amigos de infancia y disfrutaban de los ricos helados, provocándole sensaciones de alegría en base a los recuerdos que viene a su cabeza.

Anclajes Disfuncionales: Son los que impiden a las personas

alcanzar sus objetivos, por medio de recuerdos o experiencias negativas.

- Por ejemplo: Cuándo una persona visita después de tanto tiempo un centro comercial, al observar las escaleras eléctricas su cerebro automáticamente revive un mal recuerdo y la persona entra en un estado de nervios. Recordó que en esas mismas escaleras hace algunos años sufrió un accidente.

Uno de los requisitos importantes que se necesitan para que estos tipos de anclajes puedan hacer su trabajo es practicándolo únicamente con estados emocionales intensos. Los ser humanos pueden tener innumerables experiencias todos los días, pero unas son más intensas que otras, esas son las situaciones que más quedan almacenadas en la memoria, situaciones que promovieron sensaciones fuertes, sentimientos, alegría, felicidad, tranquila y comodidad.

La PNL explica que el anclaje no es una herramienta de uso constante, tampoco es una herramienta que funcionar al 100% en todas las personas o animales. También se deben tener en cuenta las anclas disfuncionales, si los anclajes no son usados con los estímulos correctos, se pueden obtener resultados negativos.

La PNL deja muy claro que no se trata de una magia que soluciona todos los problemas con solo imaginar, todo depende de cuánto poder de concentración pueden tener las personas para controlar esta herramienta.

META PROGRAMAS Y META MODELO

¿Qué son los Meta Programas?

En la Programación Neurolingüística los meta programas son filtros mentales inconsciente que poseen las personas para comprender la realidad, procesar o comunicar la información recolectada. Estos filtros pueden definir los distintos estilos de pensamientos del ser humano, para lograr la comprensión de cada comportamiento, cómo los cambios de humor o formas de pensar.

Son herramientas fundamentales para mantener la comunicación efectiva con los diferentes tipos de personas, pero también para lograr entender los comportamientos propios.

Características de los Meta Programas

- Son filtros inconscientes que actúan en base a la experiencia, lo que se almacena en la memoria se convierte en experiencias que ayudan a las personas en la toma de decisiones antes de actuar.
- Los meta programa pueden ser utilizados como herramientas rutinarias para analizar los datos obtenidos.
- Pueden ser modificables, por medio del intercambio de ideas o experiencias compartidas con otras personas o situaciones.

CLASIFICACIÓN DE LOS META PROGRAMAS

Existen muchos tipos de meta programas y cada uno de ellos se adapta a las distintas personalidades y acciones de las personas.

Meta programa Pro-activo: Este va de la mano con la iniciativa, con la ayuda de la construcción de ideas para actuar. Por ejemplo: Revivir varios acontecimientos similares, compararlos y crear una idea con más fuerza, para llevar a cabo el objetivo.

Meta Programa Reactivo: Diseñado para las personas que reaccionan sin perder el tiempo en analizar o pesar demasiado. Por ejemplo: Actuar o expresarse sin pensar, sin importar si los resultados serán negativos o positivos. Simplemente actuar con la primera reacción enviada por el cerebro sin ser controlada.

Meta Programa Opcional: Tiene un poco de similitud con el meta programa pro-activo pero inclinada a la necesidad de acercarse a uno o más objetivos por medio de opciones, estas opciones están almacenadas en la memoria. Por ejemplo: Hacer uso de experiencias positivas adquiridas en el pasado, agrupadas para una mejor elección y emplearlas como pruebas para lograr los objetivos.

Meta Programas por Procedimientos: Dirigida para las personas que son amantes de las reglas, de seguir las indicaciones y procedimientos asignados. Por ejemplo: Para llevar a cabo un objetivo prefiere buscar el método correcto, obedeciendo las reglas o los pasos indicados para obtener los resultados deseados.

Meta Programas de Referencia Interna: Diseñada para las personas que confían al 100% de sus conocimientos y resultados obtenidos a lo largo de sus vidas. Por ejemplo: Son las personas que toman sus decisiones de manera independiente, tomando el control de la validación de cada una de sus acciones o tomas de decisiones. La decisión viene de ellos mismos.

Meta Programas de Referencia Externa: Especialmente dirigida para las personas que observan o toman cómo ejemplos las actitudes o el modo en que otras personas realizan sus objetivos, para ser usadas como guía y motivación en su vida cotidiana. Por ejemplo: Estas personas usan como inspiración las ideas o actitudes de otras personas.

Meta programa de Similitud y Diferencia: Diseñada para las personas que se fijan en las similitudes o características de las cosas, personas o experiencias. Por ejemplo: Estas personas son muy analíticas, observadoras y sienten interés en las vivencias o gustos que se parezcan a los suyos.

También existen personas que se fijan mucho en las diferencias de los objetos o personas, estas se caracterizan por ser personas muy críticas. Ejemplo: Por medio de la comparación de colores, son personas muy observadoras, notando las diferencias, mejor conocidas como las *"personas diferenciadoras"*.

Importancia de los Meta Programa

Los meta programas son estructuras muy amplias, conducidas por conductas o tipos de comportamientos, controladas con el manejo de la mente. Se utilizan como herramientas para comprender el mundo que nos rodea, sea una circunstancia, en la toma de decisiones y para comunicarnos de una mejor manera con las personas.

LOS META MODELOS

¿Qué son los Meta Modelos?

"El mapa no es el Territorio" esta frase es un postulado de la PNL quiere dar a entender que la idea o el concepto que los seres humanos pueden tener del mundo, en base a las experiencias adquieras dura su vida atreves de los sentidos o la comunicación no necesariamente tienen que ver con la realidad.

El meta modelo es una herramienta que sirve para mantener conscientes a las personas que todo tiene una variación y una diferencia, les permite mantener ciertas limitaciones de su mapa mental. Cada persona tiene criterios y una forma en particular de ver la realidad, pero existe un método para descubrir esas variaciones y es por medio de las preguntas, estas ayudan a las personas en la recuperación de información para mejorar la comunicación entre ellas.

CLASIFICACIÓN DE LOS META MODELO

Estos se clasifican por patrones de comunicación divididos en 3 partes.

Omisiones

Es cuando una persona considera que una información no es importante y la elimina de su mente, o simplemente olvida partes de lo que quiere decir. Ejemplo: Hay 7 estudiantes en un salón conversando, dos de ellos están conversando de diferentes temas al mismo tiempo.

Uno de los estudiantes se encuentra interesado en uno de los temas que se están conversando y para poder prestar atención al tema de su interés, esta debe ignorar o silenciar todo lo que se escucha, todo lo que no sea referente al tema que realmente este quiere escuchar.

Distorsiones

Es cuando una persona transforma la realidad desde su punto de vista, alterando su significado o características, este trabajo de distorsión principalmente lo realiza el cerebro de manera inconsciente.

Ejemplo: Cuando una persona escucha un tema musical y empieza a cantarlo, de repente se da cuenta que una parte de la canción que está cantado no coincide con el tema original, en instante está distorsionando el tema, seguramente por otro que escuchó en otro momento.

Generalización: Es cuando una persona extiende o globaliza acontecimientos que provienen de sus vivencias. Ejemplo: Nunca soy agradable para nadie. ¿Pero posible que de verdad no sea una persona agradable para nadie?

Importancia de los Meta Modelos

Es muy importante cuidar el lenguaje que se aplicará en cualquier circunstancia o momentos de la vida. La PNL les presenta a las personas los Meta Modelos para adquirir los conocimientos necesarios, para entender y ser entendido. Lograr una comunicación exitosa muchas veces requiere de estudios y para eso existen los métodos, y modelos de aprendizaje.

2

LA PERSUASIÓN

LOS PRINCIPIOS DE LA PERSUASIÓN

La mente humana es uno de los objetos más complejos, misteriosos y difíciles de explicar de los que se tiene conocimiento, personas dedican su vida entera a estudiarla en detalle y no logran descifrar sino la punta del iceberg de todos los enigmas que representa.

Uno de los grandes enigmas que se estudian en la mente, es *¿Porque reaccionamos de manera automática a ciertas decisiones influenciadas por otros?* Es decir, alguna persona puede persuadirnos, inconscientemente a tomar una decisión, por lo general, a su conveniencia.

El ser persuasivo es una habilidad que no cualquiera posee, algunos incluso, lo catalogan como un arte, y, de hecho, puede ser uno de los más codiciados y necesarios para la sociedad, para un negocio, para una campaña política, pues el éxito de estos depende casi en su totalidad de la percepción que tengan las personas hacia él.

Clientes, proveedores, socios y empleados, son algunos de los miembros de la cadena que pueden ser persuadidos a nuestra conveniencia, por esto, aprender a dominarlo puede resultar muy beneficioso.

Muchos líderes y empresarios se han dado cuenta, de la peor manera posible, que el poder, que por lo general viene acompañado de un carácter fuerte, incluso faltas de cortesía en muchos casos, son la peor manera posible de aproximarse a los miembros más bajos de la cadena de mando.

La mejor forma de obtener lo que queremos y conseguir un ambiente de ventas, de trabajo, o de crecimiento óptimo, es conociendo la manera en la que trabaja la mente de nuestros compañeros o empleados, sí, hace falta autoridad. Pero si sabes aproximarte de la manera correcta, las personas harán lo que tú quieres sin tener que exigirlo, incluso, sucederá muchas veces por voluntad propia.

Esa reacción automática a las situaciones, según los estudios, se da porque el cerebro se sobrecarga de información. Estos ambientes complejos, activan estas respuestas automáticas para saltarse ciertos procesos mentales y guiarnos a través de atajos, por llamarlos de alguna manera, que evitan al cerebro tener que analizar cantidades de información tan grandes.

A pesar de que la persuasión es un don innato para algunos, como cualquier otra disciplina puede estudiarse y practicarse hasta que logremos dominarla con la finalidad de obtener lo que queremos. Esto se ve con especial frecuencia entre miembros de los partidos políticos, o encargados de publicidad y ventas de grandes empresas. Pero claro, esto no es una limitante, cualquiera que desee vender algo, puede estudiar un poco más acerca de la persuasión.

El marketing, o mercadeo por su traducción, es esa disciplina que se encarga de estudiar el comportamiento de las masas consumidoras, y esta, es una herramienta primordial para los negocios y empresas, y a pesar de que está en constante cambio, la persuasión siempre está presente y es necesaria para su correcto funcionamiento. Después de todo, la intención es lograr que el producto o servicio se venda.

Incluso, hay quienes dicen que el marketing es una mezcla de procesos administrativos y sociales, y es justo en este último donde entra en escena la persuasión, siempre acompañada de un puesto en la estructura empresarial tradicional. Quien sepa balancear esta relación, tendrá éxito garantizado.

Muchas veces el marketing no tiene un tiempo de ejecución consistente, es decir, pueden ser acciones a corto o a largo plazo, pero todas con el mismo objetivo: convencer al cliente de que use tu producto, o si hay clientes potenciales, atraer su atención.

Robert Cialdini, es uno de los más renombrados especialistas en la ciencia de la persuasión, además de ser psicólogo y escritor, es profesor en la Universidad de Arizona, donde ha dedicado la mayor parte de su tiempo a investigar.

Su obra más famosa es el libro publicado en 1984, Influencia, la Psicología de la Persuasión, y que es la biblia de publicistas, hombres de negocios, y toda clase de profesional que desee ser líder de su área.

Cialdini, para escribir su libro, trabajó por más de tres años encubierto en toda clase de puestos de ventas, como vendedor de autos, como representante de telemarketing, e incluso, como ejecutivo de organizaciones caritativas. Todo con el fin de observar las interacciones de las personas en situaciones reales de persuasión, además de revisar muchas teorías importantes cuya base se encuentra en la psicología social.

Según los conocimientos sintetizados por Caldini, hay seis principios básicos para la persuasión en la gran mayoría de las situaciones, y los vamos a explicar a continuación.

El primero, es la reciprocidad, Caldini afirma que las personas tienden a actuar con reciprocidad, es decir, tratarán a las personas dependiendo de cómo los hayan tratado. Básicamente, si una persona, o cliente es tratado de manera respetuosa y amable, tratará de la misma manera a quien le presta el servicio. Por ejemplo, si recibe algún regalo o favor, inconscientemente se sentirá obligado a hacer lo mismo o algo similar por esa persona.

La reciprocidad se ve muy frecuentemente también en situaciones como conferencias o reuniones en las que, si contamos un secreto, o proporcionamos información delicada, la persona con la que estemos interactuando también se verá tentada a hacerlo.

La reciprocidad se percibe mejor y es más efectiva, cuando el regalo, descuento, o sorpresa es dado de manera inesperada, y más aún si se percibe como algo personal, o con una dedicatoria exclusiva.

Uno de los estudios más famosos realizados en base a este principio, se lleva a cabo en los restaurantes, Cialdini comprobó que, si el mozo daba a los comensales que había servido un caramelo de menta, incrementaba en un 3% su propina, y si le daba 2 se podía registrar un aumento hasta del 14%.

Pero, la premisa de que mientras más personalizado sea el obsequio es mejor recibido, también se podía poner a prueba con este ejemplo, el mozo dejaba un caramelo y se iba. Pero si se daba la vuelta argumentando que dejaría otro caramelo porque esa mesa había sido muy agradable, la propina podía crecer hasta en un 23%.

De esta manera se comprueba que la reciprocidad no es tanta por lo que se da, si no por el contrario, por la forma en la que se da.

Dropbox es un ejemplo de la persuasión a nivel masivo y digital, esta compañía que presta servicios de almacenamiento en la nube ofrece 2 Gb gratuitos al momento de registrarte, pero si compartes el servicio con alguno de tus amigos, te ofrecerán 500mb adicionales por cada uno de los contactos que acepte tu invitación. Es una manera inteligente en la que ambas caras de la moneda resultan beneficiadas.

Regalar descargas de contenido también es una manera eficiente de hacerlo, por ejemplo, ebooks, catálogos, calendarios o manuales, son regalos válidos que funcionan como promoción de la siguiente manera. Si alguien descarga un e-book, una vez que lo tenga, puedes fomentarlo a compartir con sus amigos o a seguirte por las redes sociales, lo más probable es que lo haga.

El segundo de los principios explicados es el de la escasez, este principio asegura que mientras más escaso se hace un producto, más tentados nos veremos a tenerlo o comprarlo, y una de las maneras más eficientes de lograr esto en lo que a ventas respecta, es ofrecer promociones u ofertas por tiempo limitado.

Algo parecido ocurrió en los años 90, cuando British Airways, operadora del Concorde, anunció que reducirían a solo un vuelo diario la ruta Nueva York – Londres, cuando anteriormente contaba dos, pero esto debido al poco flujo de pasajeros, había dejado de ser rentable. Al día siguiente del anuncio las ventas de tickets reventaron.

La compañía no hizo absolutamente ningún cambio, pero como los tickets pasaban a ser un recurso escaso, las personas los codiciaban más, esto permitió que incluso, aumentarán de precio.

Otro tema para considerar es que no solo debes contarles a los posibles clientes de que se lo podrían llegar a perder, también es conveniente recordarles porque el producto o la promoción que ofreces es única.

Una manera de causar este efecto hoy en día con la masificación de las ventas por redes sociales es interactuando de manera limitada con tus seguidores. Por ejemplo, un día a la semana y por un periodo de tiempo determinado, puede ser, una hora, concéntrate en responder preguntas a los usuarios, esto seguramente hará que durante ese lapso de tiempo tu cuenta esté colapsada y tendrás la atención de todos tus seguidores y clientes potenciales.

El tercer elemento es la autoridad, autoridad intelectual, un factor que resulta determinante para los clientes es este, por lo general las personas tienden a seguir el ejemplo de expertos calificados en una disciplina y con conocimientos confiables, y que resultan determinantes en el marketing de persuasión.

Y es que, por lo general, al vernos interpelados por alguna autoridad de estas características, estamos más predispuestos a tomar la decisión por la que él se incline. Estas personas por lo general acompañan su conocimiento por un lenguaje fluido que potencia su aura de credibilidad, y es que en la mayoría de las oportunidades tendemos a creer que quienes están en posiciones de liderazgo las alcanzaron por su mayor conocimiento y experiencia.

Una manera muy sencilla de verificar esto es a través de los medios de comunicación, y es qué muchos analistas y líderes de opinión tienden a influenciar las decisiones y el criterio de los receptores del mensaje.

A veces solo es necesario convencer a algún experto en la materia para que cuando dé su opinión, convincente y segura, influencie la decisión de las masas, que se traducen en un número muy grande de clientes potenciales. Uno de los mejores métodos para hacer esto, es la utilización de celebridades, o los llamados influencers, promocionan un producto alegando su calidad, e inmediatamente las ventas se catapultan.

Esto se evidencia en prácticamente cualquier oficina de cualquier lugar donde presten servicios, por ejemplo, un taller o una rectificadora de motores, donde en la pared estén colgados los títulos de educación y capacitación de su dueño, ganará puntos en credibilidad.

O, por ejemplo, mencionar las credenciales de alguien al momento de presentarlo o ponerlo en contacto con el cliente. Escuchar todo el mérito académico o técnico que tiene hace que las personas se sientan confiadas y sugestionadas por su conocimiento.

Siempre en la presentación de tu producto o servicio, es importante explicar que te hace una autoridad en la materia o quien te reconoció como tal. Si, por ejemplo, alguno de tus artículos ha sido revisado y aprobado por un medio relacionado a la materia, colócalo en tus redes sociales, explota todo su potencial.

Otra clave para destacar la autoridad que se tenga en una rama es tener algún tipo de libro o manual que certifique y explique de manera clara al público y a los potenciales clientes tus conocimientos.

El cuarto principio expuesto por el psicólogo es el compromiso y la consistencia, este es uno de los más complicados de ejecutar, pues básicamente nos dice que debemos mantener la misma línea de comportamiento, por decirlo de alguna manera, una coherencia en nuestros actos que le dé la confianza suficiente al cliente para que deposite su confianza, y su dinero en nuestro producto.

Una manera de probar esto establecida por el psicólogo es la siguiente, en una calle cualquiera de un vecindario, pocas casas estaban dispuestas a colocar en sus jardines frontales un feo cartel para apoyar a una campaña de seguridad vial.

Pero en la otra calle, el cuádruple de dueños estaba dispuesto a colocar el cartel, ¿a qué se debe este fenómeno? A qué diez días antes, los vecinos habían acordado colocar una pequeña calcomanía en uno de los extremos de sus ventanas frontales apoyando la campaña, este pequeño gesto fue el que ocasionó un incremento del 400% en el compromiso del cliente.

De cierta manera esto explica porque es mucho más complicado captar un cliente nuevo que conservar uno antiguo, las conductas en las personas tienden a ser consistentes.

Otro ejemplo perfecto de este principio de sugestión es que, si queremos que una persona tome una decisión rápida e impulsiva, lo primero que hacemos es intentar que él se defina de esa manera, pues inconscientemente basándose en eso, tomará la decisión.

El quinto elemento y uno de los más importantes expuestos por Cialdini es la simpatía, o prueba social como también se le conoce, es bien sabido que las probabilidades de comprarle un producto o servicio a alguien que nos agrade crecen muchísimo más, y la ciencia dice que hay tres elementos que intervienen para decidir quién nos agrada.

El primero, es que la persona sea similar a nosotros, la segunda son las personas que nos hacen cumplidos y halagos, y la tercera, las personas que cooperan con nosotros para alcanzar metas comunes.

Hace algunos años se llevó a cabo un estudio en el que esto quedó muy claramente evidenciado, en una escuela de negocios, los alumnos de un MBA, siglas en inglés para Máster in Business Administration, se separaron en dos grupos, al primero se le dijo que adoptaran en sus reuniones la filosofía de que el tiempo es dinero, yendo directo al grano. En el grupo, 55% lograron el acuerdo con los clientes.

En el otro grupo, se les pidió lo contrario, primero debían establecer una relación con los clientes, que intercambiaran algo de información personal y que identificaran intereses en común, en este grupo se lograron el 90% de los acuerdos, demostrando el punto de manera muy clara.

Aprovechar este principio es muy sencillo, solo debes intentar ser cortes y educado, incluso si se trata de contacto a través de redes como LinkedIn o de correos electrónicos, es importante mantener la educación y la cortesía, otro consejo es darles a las personas lo que quieran escuchar, si han estado buscando información, por ejemplo, de que coche en el mercado es mejor, y tienes acceso a ella, envíala, será un buen gesto de tu parte y creará conexión.

El sexto y último principio es el del consenso, este dice que las personas antes de tomar acciones o decisiones primero miran las de otros. Por ejemplo, en la mayoría de los hoteles, se colocan carteles para persuadir al cliente de que reutilice las toallas, la mayoría del tiempo esto se hace notificándole al cliente los beneficios de reusarlas y lo positivo que resulta para el medio ambiente.

Pero la estrategia también es válida aplicando el principio de consenso, si se indica que un alto porcentaje de los clientes las reutilizan y de esta manera se nos pide que también lo hagamos.

Ciertas palabras claves estratégicamente ubicadas pueden cambiar por completo el significado y el alcance de nuestra frase. A nivel de marketing digital, herramientas como contadores de suscriptores son muy efectivas, al ver el gran número que representan, casi con seguridad querremos formar parte de eso.

Los comentarios o las reseñas también suelen ser positivos para posicionar un producto o contenido, el que tenga un alto número de comentarios o reseñas puede significar que es algo muy bueno que causó un boom en el mercado, o que fue controvertido, de cualquier manera, es publicidad.

LAS REGLAS DE UNA COMUNICACIÓN EXITOSA EN LOS NEGOCIOS

Un negocio, por definición es una transacción en la que dos o más partes intercambian un producto o servicio a cambio de un valor establecido y que se conoce como precio.

Buena parte de un negocio son las ventas, que consisten en un proceso casi siempre lineal, es decir un sujeto A se interesa por venderle un producto o servicio a un sujeto B, pero la comunicación entre ambos si es bi-direccional, ambos interactúan para conseguir lo que más convenga a cada una de las partes, ese es el principio básico de la negociación.

La comunicación es parte de nuestra vida diaria, pero a veces nos representa una dificultad, no todos podemos hacerlo con la misma facilidad, y en el mundo de los negocios, es casi seguro que esto se traducirá en pérdidas monetarias, nunca podemos permitirnos eso.

Si una persona tiene la intención de dirigir un negocio o vender algo, cada elemento de la comunicación debe ser pulido y perfeccionado, el lenguaje verbal y corporal, el tono de voz, la pronunciación, y la imagen personal son esenciales, pero hay un elemento que también es increíblemente efectivo: la programación neurolingüística.

El concepto de programación neurolingüística, se comenzó a utilizar en los años 70 con un único enfoque, los resultados positivos al momento de hacer llegar un mensaje a las personas, y que se tradujeran en ventas.

Inicialmente, la programación neurolingüística o PNL estaba asociada únicamente a la psicoterapia. Actualmente pueden abarcar cualquier ámbito de la vida personal y profesional y es que la PNL se puede utilizar libremente para cumplir cualquier objetivo.

Algunos expertos catalogan a la PNL como la manera perfecta de comunicarse, establecer una buena conexión emisor/receptor es vital, así podremos identificar el canal mal efectivo para hacerle llegar el mensaje a nuestro cliente. Nos podrá proveer la manera más adecuada de mostrar y describir el producto, generando los mejores resultados.

A pesar de que la PNL funciona bien con todos los canales de comunicación, ha probado ser más eficiente con los clientes visuales, el hecho de que relacionen imágenes con situaciones o con algún dato en particular, ordenan y procesan esa información de manera más eficiente, por lo que, a la hora de tomar una decisión, nuestro mensaje será considerado una prioridad.

Es por esto que la comunicación es el punto de quiebre, la bifurcación que puede llevar a un proyecto a funcionar o no. Y es que no lograr conectar con el cliente en un primer encuentro o preventa de producto, es catastrófico, pues muchas veces sucede que se tiene el conocimiento adecuado, pero la persona no sabe transmitir el mensaje, y casi siempre la primera impresión es imposible de modificar.

La primera impresión es muy importante a la hora de conocer al que consideremos un cliente potencial, y es crucial para abrir ese primer canal de comunicación, tres segundos son suficientes para decidir si prestaremos atención a un individuo o si simplemente se rechazará su opinión.

Una imagen personal que haga juego con la de nuestra empresa, nos ayudará a obtener resultados deseados. Un cuidado personal impecable y una buena higiene proyectará orden y disciplina, lo que todo cliente o inversionista quiere obtener.

Al presentarnos en una reunión o entorno de negocios, básicamente estamos diciendo que tenemos intenciones de crear una relación que deje beneficios a las dos partes, así que lo más adecuado es presentarse con un apretón de manos, firme. Una breve presentación que incluya nuestro nombre y nuestro cargo, y una charla que incluya al resto de los participantes y que sea de un tema común, con la intención de romper el hielo, pero jamás halagándonos a nosotros mismos.

La introducción debe animar a la gente a averiguar quiénes somos, a continuar interesados en lo que tenemos para decir y a interesarse en participar en nuestros proyectos, siempre sujetos a variables, como la duración o los choques culturales que pueda haber entre las partes. Pero esta presentación es la base, es la apertura del canal para una correcta comunicación y aplicación de la PNL.

Algunos consejos se pueden aplicar para lograr ganar confianza a la hora de comunicar, uno de los más importantes, es preparar el discurso que se va a presentar, la comunicación y la oratoria son como todas las disciplinas, practicándolas se logra perfeccionarlas. Por lo general los entornos corporativos y de ventas son frenéticos, causan mucha presión, así que conocer el tema y aprovechar el tiempo ayudará muchísimo.

Siempre es adecuado proceder con cortesía, no importa a quien se vaya a transmitir el mensaje, pero es importante saber identificar la posición o el papel del receptor en la empresa y organización, esto permitirá visualizar de manera más efectiva el escenario y no sucumbir ante la presión.

En el caso de nosotros ser los líderes, intentar transmitir un mensaje a nuestros subordinados, es muy importante inspirar, un lenguaje seguro y coherente ayudará a que los compañeros de trabajo conecten con nosotros. También es muy importante hablar siempre con la verdad.

Si nuestro interés es ofrecer un producto o servicio siempre es conveniente, antes de darlo a conocer, intentar establecer una conexión con el cliente, interrogarlo de la manera menos invasiva posible, y así, podremos obtener información que nos será de utilidad a la hora de vender.

Es un proceso si se quiere, lineal, en el que lo primero que debemos hacer es hacer que el cliente se sienta escuchado, que sepa que nos importa, que lo que tiene para decir es muy importante, esta es la mejor manera de demostrar el interés en ayudarle y crear un vínculo inmediato.

Una vez hecho esto, podemos identificar sus necesidades en base a la información que ya nos dio, una necesidad es una oportunidad de oro para vender, eso siempre se debe tener en cuenta.

Tu preparación en esta etapa del proceso comunicativo te permitirá hablar su idioma, es decir, si es una reunión técnica, el lenguaje debe estar a la altura del compromiso. Pero si por otro lado es una reunión con una persona que no posea tal vocabulario, debemos ajustarnos a eso.

Una técnica de programación neurolingüística muy buena, y si se quiere, astuta, es ir reduciendo la amplitud de las preguntas. Hacer preguntas de temas amplios y cotidianos al principio, ayudará a que el cliente conteste, este, casi de manera automática seguirá contestando preguntas más importantes a medida que la conversación avance. Esto es muy importante porque ampliará la información que necesitamos.

Este consejo va de la mano con dejar que el cliente hable, que sienta libertad de expresarse, antes de bombardearlo con los beneficios de nuestro producto. Lo mejor que podemos hacer es dejarlo contar sus necesidades con comodidad.

Por último, otro consejo muy válido a la hora de comunicarnos con un cliente es que, si estamos explicando algo complejo o con contenido técnico muy amplio, detenernos periódicamente a comprobar que este siendo recibido claramente el mensaje. Esto hará sentir al receptor mucho más seguro a la hora de hacer preguntas.

Queda de nuestra parte analizar y procesar de manera correcta las respuestas y señales que nos del cliente para determinar la aproximación más adecuada y consolidar la venta.

Básicamente, la programación neurolingüística nos dice que debemos adaptarnos a quien nos escucha, en base a eso, formular nuestro discurso con el fin de obtener los mejores resultados posibles. Una señal de que no estamos aplicando correctamente el PNL es no lograr despertar el interés del receptor, u observar que tarda demasiado tiempo en tomar la decisión.

Definitivamente la empatía es clave a la hora de aplicar la PNL, saber identificar cómo se siente el cliente, hará casi con total seguridad la diferencia entre una venta exitosa y una que no se logró consolidar.

Es importante tener esto siempre en cuenta, si se quiere, programar el cerebro para que la aplicación de la PNL se haga inconscientemente y no luzca forzada. Si un cliente nota que intentamos convencerlo a toda costa es probable que abra espacio para la desconfianza.

Debemos estar conscientes que el uso de ciertas palabras puede generar reacciones contraproducentes en nuestro interlocutor, esto es algo con lo que se debe tener sumo cuidado y va de la mano con el timing, la pronunciación y la entonación de algunas palabras.

La PNL tiene efectos positivos, tanto en el cliente, como en el vendedor, y es que muchas veces consigue que nos auto analicemos y logremos mejorar aspectos de nuestra vida personal o profesional que anteriormente estaban fallando.

Cuando hayamos dominado un poco mejor la PNL los resultados positivos serán frecuentes, esto claramente se traduce en éxitos y celebración. Pero a medida que nuestra carrera o la implementación del método comiencen, será muy común recibir respuestas negativas, es importante aprender a interpretarlas y a reaccionar de la mejor manera posible a ellas.

Siempre se recomienda usar un lenguaje positivo, evitar las respuestas monótonas o aburridas, hacer cambios de ritmo en el habla ayuda mucho a mantener la atención del oyente, y es que puede considerarse un fracaso indirecto que el cliente haya perdido el interés en nuestra exposición.

Es importante saber interpretar el lenguaje corporal del cliente y en base a eso adaptar el nuestro, si vemos que se aburre, acelerar el paso, si se aturde, ralentizarlo, y claro, siempre manteniendo una postura erguida, voz clara y una sonrisa.

La comunicación verbal es importante, pero la no verbal también, la posición de la mirada o de la cabeza son vitales, así como las expresiones faciales que pueden ser fácilmente malinterpretadas. Y es que, por lo general reafirman lo que estamos diciendo, pero si nos equivocamos pueden delatar ante los ojos de alguien hábil, que estamos mintiendo.

Nuestra cara es muy expresiva y a veces difícil de controlar, hacemos movimientos involuntarios qué se pueden traducir en mala educación o incluso en una ofensa. Hay que tener mucho cuidado y evitar fruncir el ceño, o abrir los ojos de manera exagerada, sacar la lengua o hacer gestos que se pudiesen interpretar como una burla, incluso si no lo son, una actitud seria o una sonrisa siempre serán lo más adecuado.

Asentir o mover las manos puede dar un impulso extra a la seguridad, y de manera indirecta ayuda a la persona que recibe el mensaje a comprenderlo mejor. Claro, siempre haciéndolo de manera racional, un movimiento exagerado también puede denotar nervios o resultar contraproducente.

Algo que muchos profesionales suelen hacer, es grabarse mientras practican el discurso, o pedirle a alguien con habilidades similares a las nuestras que nos escuche y haga preguntas. Son un ejercicio excelente para conseguir mejorar la técnica y la persuasión sobre el cliente.

No solo la comunicación entre el cliente y el vendedor es importante, también es necesario que exista una comunicación efectiva entre todos los miembros y departamentos de la organización, a eso se le conoce cómo comunicación interna.

También existe la posibilidad de que nos toque ser oyentes a una conferencia, aquí también hay cabida para lenguaje corporal negativo y que cree una mala impresión. Por ejemplo, mirar constantemente el reloj, o jugar con un bolígrafo, tener las manos apretadas o hacer garabatos en un papel son clarísimas señales de que no estamos mínimamente interesados en el mensaje.

Hoy en día, la comunicación también puede ir de forma masiva, a través de las relaciones públicas y la gestión de medios, establecer ese canal de comunicación personalizado crea confianza entre los clientes y la empresa haciendo que prefieran tu servicio por encima del que no ofrece este nivel de atención.

La capacitación en la comunicación y PNL debe estar presente en todos los escalones de las empresas, y es que todos los que desempeñan un trabajo, comunican a distintos niveles y casi seguramente con distinta importancia, con más o menos responsabilidades. Pero el comunicar de manera exitosa ayuda a que los objetivos se cumplan de la manera más eficiente posible.

EJEMPLOS DE PNL UTILIZADOS POR ANTHONY ROBBINS PARA GENERAR VENTAS

Anthony Robbins, o Tony Robbins como también se le conoce es uno de los escritores de libros de desarrollo personal más exitosos de la actualidad, además de ser un muy reconocido orador motivacional.

Su nombre de nacimiento es Anthony Majavoric, y fue conocido en primer momento por sus infomerciales y libros de autoayuda llamados Poder sin límites, uno de los ejemplos más fieles de su trabajo.

Las enseñanzas de su trabajo toman distintas fuentes, una de ellas y la más grande influencia es su mentor personal Jim Rohn, pero otra rama del conocimiento que le apasiona y practica con mucha frecuencia es la programación neurolingüística.

Cabe destacar que Robbins ha pertenecido a los equipos de trabajo de importantísimos medios de comunicación como Time, Forbes, CBS Evening News, CNN y Fox News, entre muchas otras compañías de comunicación masiva.

Grandes personalidades se han influenciado o sentido identificados con su trabajo, Mijaíl Gorbachov, Bill Clinton e incluso el mismo presidente de los Estados Unidos Donald Trump han escuchado sus consejos. Además, ha tenido papeles muy relevantes en grupos empresariales como American Express y Kodak, incluso algunos deportistas han confiado en sus habilidades para conseguir el éxito.

La prueba más tangible de su éxito es que se ha convertido en toda una celebridad apareciendo en más de 15 películas con importantes cameos o con papeles pequeños.

Fijando el objetivo

Robbins en su trabajo establece una serie de pasos a seguir, o consejos para lograr aplicar la PNL y superar las dificultades, lo primero que se debe hacer son definir metas, definir exactamente y con precisión el alcance de nuestro proyecto, así como saber con sensatez, qué queremos alcanzar.

Una vez establecido el objetivo lo que debemos hacer es pasar a la acción, y lo primero que podemos hacer antes de pasar a la acción, es desarrollar agudeza sensorial y esto se consigue revisando nuestros gestos, acciones, y hábitos, con el fin de mejorar el acercamiento a nuestro cliente u objetivo.

Este consejo, va de la mano con la flexibilidad, y es que la agudeza sensorial está pensada precisamente para saber interpretar las respuestas del interlocutor, y cambiar nuestro discurso en función de eso. Este es uno de los puntos en los que Robbins ha hecho énfasis y es que, según su testimonio, le ha ayudado en muchísimas ocasiones a conseguir el éxito.

Anthony afirma que uno de los ejemplos más tangibles de su éxito, se manifestó cuando fue el coach de André Agassi, el famoso tenista estadounidense, y que él asegura que basándose en sus consejos logro subir desde el puesto 30 del US Open hasta el podio, todo aplicando sus técnicas de PNL.

INNOVAR EN LA ESTRATEGIA

Robbins también afirma que la innovación estratégica es otro factor determinante, entender las necesidades del cliente y saber cómo y cuándo darle lo que necesita son fundamentales para el éxito en ventas, y según Robbins, Steve Jobs es el ejemplo perfecto de esto, Jobs estaba obsesionado solo con una cosa, hacer accesible la informática para las masas, para cualquier persona, y esto, claramente, es saber entender las necesidades del cliente.

Optimizar procesos es otro punto fundamental para alcanzar los objetivos, pero además de procesos administrativos o industriales, también es muy importante optimizar los procesos humanos, la interacción entre las partes.

Rodearse de las personas adecuadas es lo más recomendable en esta clase de situaciones en las que deseamos emprender un proyecto, y Robbins asegura que no solo se deben contratar personas por sus capacidades técnicas o méritos académicos. Esto es muy importante, pero también se debe considerar que tengan objetivos similares a los de todo el grupo, y de esa manera puedan concentrar los esfuerzos en conseguirlos.

Esto se traducirá a corto y mediano plazo en una fuerza de trabajo motivada, contenta con su ambiente, e impulsados a conseguir el objetivo, además, personas de mayor edad o con más experiencia por lo general aportan una visión a largo plazo y un punto de vista que por lo general logra anticiparse a los problemas.

Todo este equipo, guiados por un líder que trabaje en base al ejemplo, pero por sobre todo que sea responsable de sus actos, por lo general cuando ocurre un fracaso, tendemos a culpar a factores externos, casi siempre falta de tiempo, dinero o recursos. Pero Robbins dice que precisamente es esto lo que diferencia a un líder exitoso, saber trabajar y administrar con los recursos que tiene, no importa lo pocos que sean.

Sin embargo, también afirma que no hay personas sin recursos, si no que existen estados de ánimo sin ellos, y es que, dentro de cada ser humano, hay enormes potenciales esperando ser liberados, pero muchas veces se encuentra bloqueado por nuestro estado de ánimo.

Acabar con las limitaciones

El ser humano ha demostrado a través de la historia que está preparado para mejorar y evolucionar, pero si las limitaciones son internas, esto será muy difícil de conseguir.

Estas limitaciones, en la mayoría de los casos son mentales, y Robbins asegura que las personas que lideran organizaciones exitosas son aquellas que han logrado apartar esas limitaciones mentales. Incluso, él mismo se pone como ejemplo, es bien sabido que sus primeros trabajos fueron como conserje, y hoy en día es vocero de una importantísima compañía.

Pero la confianza es la respuesta, enfrentar las situaciones de crisis y con confianza, nos permite prepararnos para obtener resultados positivos, pero de lo contrario, tener una buena actitud nos prepara para los golpes duros.

El objetivo de seguir todos estos lineamientos, es conseguir clientes entusiasmados con nuestra empresa, y es que por muy satisfecho que esté un cliente con nuestro trabajo o servicio, si alguien le ofrece algo mejor, lo más probable es que nos abandone. Pero un cliente admirador y fanático de nuestra marca, la conocen e incluso si cometemos algún error, se mantendrán allí

Robbins pone el ejemplo de la siguiente manera, si eres el líder o encargado de ventas de una empresa, deberías conocer tu nicho de mercado, pero no detenerte allí. Tendrías que ser capaz de poder identificar a tu cliente ideal como individuo, incluso por la calle o entre un grupo de personas, esa debe ser la meta.

Es por esto que es extremadamente importante explicar con claridad quienes somos y qué queremos hacer, ser concisos, pero por sobre todo el alcance de nuestro negocio y los beneficios que va a representar para el cliente y que diferencia va a marcar respecto a la competencia.

Umbral de control

Un elemento característico que define Robbins en su trabajo es algo llamado el umbral de control, que no es más que ese conjunto de tiempo o situaciones en los que aún consideras que tienes el control. Y es que no es lo mismo llevar un pequeño emprendimiento, que ser representante de una empresa multimillonaria.

Cuando se es líder de cualquier empresa o grupo importante, cualquier error puede generar enormes pérdidas financieras, que incluso lleven a la quiebra, por lo que es vital saber hasta qué punto podemos mantener el control de todas las variables.

Robbins pone un ejemplo muy particular para esto, un esquiador intermedio está practicando tranquilamente por la pista del nivel que le corresponde, pero cuando vas bajando la pendiente de la montaña te das cuenta de que accidentalmente has cruzado a la pista para los expertos.

Aquí te das cuenta de lo peligroso que es esquiar, potencialmente fatal, y hay dos opciones, enfocarte para atravesar el camino y volver al rumbo original, o deslizarte y continuar por el resto del camino difícil, este es un ejemplo de cómo podemos llegar a conocer nuestro umbral de control.

Este temor se hace presente en muchas situaciones, pero sobre todo cuando el líder de un pequeño equipo de pronto se ve al frente de una empresa multimillonaria, o cuando un gerente es ascendido de cargo y ahora tiene muchas más responsabilidades.

Cuidar la fisionomía

Todas estas técnicas van de la mano con la ejecución correcta de la PNL, y es que según Robbins el objetivo de sus libros y seminarios es que aprendamos a usarla en nuestro día a día de manera inconsciente, y aunque parezca extraño, la mejor manera de empezar es por nuestra fisionomía.

Robbins dice que la fisionomía se traduce en cambios emocionales, y es que, al alterarla, podemos ocasionar cambios inmediatos en nuestro estado de ánimo.

La mente sigue al cuerpo, y está demostrado a través de observaciones y estudios que la PNL puede probarlo, un ejemplo claro de esto es que cuando estamos tristes, por lo general caminamos a paso lento, con la cabeza baja y mirando al suelo, y es precisamente en este momento cuando debemos cambiar la actitud, enderezar nuestra postura y esto, casi de inmediato nos hará sentir mejor y más contentos.

El diálogo interior

El diálogo interior también es fundamental, las preguntas internas, siempre positivas, nos ayudan a producir cambios tangibles en nuestro día a día, hacer esta clase de preguntas nos motivan a tener la atención en un punto clave que debamos tratar, y nos permitirá dirigir las acciones en busca de mejorar, siempre esta clase de cambios se traducen en éxitos para la venta o negociación.

Muchas veces, la mente se ve limitada por creencias, por bloqueos automáticos que nos resultan muy difíciles de superar si no contamos con las herramientas correctas, y es que este tipo de limitaciones se alojan en la parte inconsciente de la mente, y enfrentarlas resulta difícil. Es aquí donde la PNL y el coaching entran en juego.

Una de las claves para el éxito que está logrando el coaching en esta nueva era, es que tiene la facilidad de hacernos las preguntas incómodas cuya respuesta conocemos. Pero nos da miedo o vergüenza responder y afrontar, y es que Robbins afirma que nuestra calidad de vida se relaciona estrechamente con esa capacidad de hacernos las preguntas más difíciles.

Una vez que dominemos nuestro cuerpo y nuestra mente, el paso siguiente es aprender a dominar nuestra comunicación y el papel que tienen en las situaciones, después de todo esa es la base de la PNL, perfeccionar la comunicación.

La consistencia

La consistencia también es clave, nadie conseguirá el éxito

haciendo actividades o trabajo esporádicamente, el deber ser es hacerlo constantemente hasta que sea exitoso, y es que la repetición y la práctica son pilares fundamentales de la destreza, esto también se aplica a la comunicación.

Es una norma que debemos aplicar si queremos ser exitosos en los negocios o las ventas, cada día que hacemos algo, ganamos. Pero cada vez que se deja de hacer, se pierde el doble, allí no hay nada que discutir, somos los responsables de que eso no suceda.

Nuevamente Anthony Robbins se pone como ejemplo, afirma que al principio de su carrera era muy mal conferencista, pero fue mejorando porque en vez de hablar una vez a la semana como la mayoría de los contemporáneos, él decidió hacerlo tres veces al día, así que la práctica es la respuesta. Además, naturalmente, esto hizo que perdiera rápidamente el miedo a hablar en público y ayudó enormemente a que su elocuencia mejorara.

De cierta manera, practicar en grandes cantidades va a acortar, por llamarlo de alguna manera el tiempo en el que adquirimos experiencia. Esto es maravilloso si deseamos optar a un cargo de ventas o de mercadeo en alguna empresa, la clave del éxito no es hacer cosas fuera de lo normal, es repetirlo hasta que se cumpla.

La programación neurolingüística es como cualquier actividad, como se adquiere, se pierde, algunas personas tienen el don innato. Pero no es la mayoría de los casos, así que como en los deportes, hay que seguir practicando para mantenernos vigentes y evitar que nuestro cerebro se oxide.

Si se pierde la habilidad corremos un riesgo mortal en esta disciplina, la autocomplacencia, descuidarnos y adaptarnos, perder la agilidad mental le da espacio a nuevos competidores a que entren en nuestro terreno, y sin darnos cuenta habremos perdido al cliente.

La PNL insiste en que el éxito es la combinación de varios factores, pero sobre todo el mental, tener diálogos interiorizados con ánimo y autocritica, las condiciones de pensamiento más ideales posibles nos sumergen en un estado óptimo para tomar decisiones, que desencadenen resultados óptimos para el bien de la compañía, muchas veces para cambiar el resultado final debemos cambiar la manera en la que estamos buscando conseguirlo.

Hay un fenómeno que sucede en la primera, y en la última etapa de un proyecto cuando ya conocemos los resultados. Apenas recibimos un fracaso, tendemos a compararlo con eventos pasados, pero casi nunca se relacionan, y es que el presente es lo único que puede explicar un fracaso o un éxito.

Centrar nuestra atención y energías en eventos del pasado es un error, por el contrario, todo el esfuerzo debe concentrarse en el futuro, y en la manera en la que se van a desarrollar los eventos, esto es clave en el marketing, pues su principal tarea es estudiar cómo se va a comportar el mercado.

PASANDO A LA ACCIÓN

Después de analizar todas las posibilidades, pasar a la acción es la prueba definitiva de que hemos decidido cumplir la tarea u obtener un objetivo, por lo que naturalmente, si no has pasado a la acción quiere decir que nada se ha decidido realmente.

Este consejo de Robbins puede encontrar ejemplos en cualquier ámbito de la vida cotidiana, y también afirma que la acción es la manifestación más real de la inteligencia. Mucha gente considera que hablar, opinar, o planear, dan igual, lo que en realidad causa impacto son nuestras acciones. Y al menos en el ámbito personal, las acciones son lo único que logran traducirse en cambios.

Muchos coaches, entre ellos Anthony Robbins afirman que el conocimiento es importante, pero que el éxito está en hacer, no en saber. Robbins pone como ejemplo sus conferencias, no importa a cuántas de ellas vayas, o cuantos de sus libros leas, si no pones en acción lo que has aprendido, jamás lograrás conseguir cambios, o en su defecto, el éxito. Toda la preparación solo servirá como enriquecimiento personal, pero no como herramienta para resultados positivos.

Es muy importante rodearnos de personas que compartan esa visión, que sean nuestros iguales, de hecho, hay un dicho muy famoso que dice, que *"si se vive entre codornices jamás se volará como águila"*, y esto no puede ser más cierto.

Robbins hace referencia con este consejo al entorno de trabajo, un lugar de trabajo tóxico siempre nos va a limitar, contener nuestro espíritu, pero, por otro lado, un entorno de trabajo estimulante casi con seguridad hará que obtengamos los mejores resultados, que nos empujen a ser mejores profesionales, personas, y muy importante, vendedores.

No hay peor castigo que estar rodeado de un entorno pesimista, negativo, y víctimas, Robbins afirma que siempre que nos sintamos en este tipo de entornos, debemos alejarnos lo más rápido posible. Probablemente alguien allí quiera nuestro puesto o nuestros logros y que lo consiguen con la bandera de la negatividad, pero no debemos permitir que contamine nuestro cometido, alejarse es lo mejor.

3
IMPORTANTE

¿ESTÁ DISFRUTANDO DE LA LECTURA DE ESTE LIBRO?

Si estás disfrutando leer este libro y estás encontrando un beneficio en él, me encantaría avisarte que este libro tiene una version en audiolibro, puedes hacerte con el de forma gratuita si escaneas el siguiente código QR:

OLIVER ALLEN

¡Gracias por tomarte el tiempo!
¡Que lo disfrutes!

4
PATRONES DE LENGUAJE APLICADOS A LOS NEGOCIOS

CAMBIANDO EL ESTADO EMOCIONAL DE LAS PERSONAS

Cuando mencionan el *"estado emocional"* las personas se imaginan hablando de estar tristes, estar contentos y si lo piensan así, significa que van por buen camino, aunque se deberían independizar los estados de *"Ánimo"* con los estados *"Emocionales"*.

Los estados de ánimo son los que dominan los sentimientos de un individuo, de forma autónoma e impredecible en un momento determinado. Pueden ser y no ser manipulados por acontecimientos externos, o simplemente por cambios psicológicos de una reactividad a sucesos ocasionales. Pero a diferencia de los estados emocionales, los estados de ánimo varían entre alegría y tristeza, y no son bien definidos.

Los estados emocionales definen la personalidad de cada individuo en un momento determinado, estos estados son dominados por los estados de ánimo y esto repercute en el control de nuestras emociones. Alterando así la atención en la memoria, organizando los sentidos nerviosos, los músculos, voz, pensamientos, para obtener un comportamiento eficaz a la hora de resolver situaciones inesperadas.

Las emociones poseen ciertas características tanto positivas como negativas y trasciende al resultado final, a la toma de decisiones, a la hora de elegir herramientas para afrontar un objetivo y así poder controlar los impulsos, tanto negativos como perjudiciales para el individuo y los suyos.

Estas emociones están manipuladas por estados de ánimos definidos como, la alegría, la compasión, el miedo, la ira, la decepción, el amor y muchas otras más, que son las causales del estado emocional de la persona.

En la naturaleza del ser, los estados emocionales se diferencian en cada individuo y este debe hacer que reaccione a estos estímulos con características totalmente distintas, según cómo ha sido su entrenamiento y su preparación para afrontar dificultades. Aunque el ser humano de por sí, tiende a variar sus emociones no tanto por los logros obtenidos, sino por los elogios de éxito que obtiene de terceros o agentes externos.

Las emociones están dadas por diferentes tipos de reacciones, que provocan en nosotros alteraciones de estados anímicos y qué hacen que entremos en un estado de mínima o máxima alerta.

Unas de las tantas emociones que más alteran al individuo y se asocian con la ansiedad, preocupaciones, inquietudes, confusiones, alteraciones nerviosas, fobias, empatía, amabilidad, afinidad, adoración, entre muchas más, son el amor y el miedo.

Estas dos emociones nos hacen ser más o menor eficientes al momento de ejecutar proyectos, tanto de manera individual como grupal, porque estas emociones a pesar de que son individualizadas pueden ser contagiosas a un grupo determinado de personas promoviendo en sí, una nueva emoción por manipulación externa.

Aquí es donde se observa que, las emociones son un depósito de influencias, influencias que derivan de la necesidad orgánica y necesidades sociales.

Los humanos en la actualidad en su mayoría se encuentran en rutinas totalmente movilizadores, creando patrones que se repiten, generando una respuesta de manera involuntaria e inconsciente con un lenguaje de acciones, debido a situación que nuestra mente asocia y se crea un estímulo de respuesta.

Para cambiar estos estados de ánimo se debe entender, que todo se crea en la imaginación, por ende, muchas veces existen motivaciones aplicadas o motivaciones implantadas, que impiden diferenciar la realidad de la fantasía. Esta técnica es utilizada muchas veces para incentivar a los nuevos exitosos, creando una matriz de creencias y anclándolas para así, llegar y tener buena actitud de tu día a día.

Las personas deben tener claro que las emociones son como las actitudes, te pertenecen, pero no puedes dominarla con una simple palabra o frase "quiero cambiar de actitud", no, por supuesto que no. Las emociones están ligadas a la mentalidad, están combinadas con un proceso neurológico que incluye estado anímico, creencia, fe y sobre todo confianza en sí mismo, para lograr superar los obstáculos desde el primer momento del día.

La Programación Neurolingüística establece a los estados emocionales como estados de inteligencia emocional. Esto con el propósito de conseguir la satisfacción de triunfos, éxitos y felicidad plena en el individuo. Así podrá conseguir que cambie su estado de ánimo en el menor tiempo posible, para sacar la mejor versión de nosotros mismos.

Las técnicas del PNL para el cambio de estado en el individuo es confundir la realidad con la imaginación, ejercitando así los sentidos para hacer y experimentar cambios de manera inconsciente. Aplicando técnicas de anclajes que se asocian con los estímulos externos e intensamente internos, ya que, es un patrón que se crea dentro del cerebro como un tornillo de ajuste a cualquier máquina de precisión.

¿Cambio? Es difícil, pero no imposible, se torna difícil porque las emociones se asocian a la imitación de respuestas en situaciones que no podemos evitar. Cuando no se pueden evitar el cerebro busca alternativas emocionales para dar respuesta a los cambios de estímulo, y éste simplemente revive los recuerdos y las creencias de manera rápida, así como emociones ambiguas y limitando nuestras propias capacidades de respuestas.

Anatómicamente estas conductas o estados emocionales han estado configuradas durante años, digamos que desde el momento del nacimiento. Al ser una red neurológica dónde involucra neuronas, nervios, sentidos, que al final de cuya conexión crea un caldo de sensaciones y motivos subyacente, donde se pueden revivir momentos pasados tormentosos, alegres, tristes, sentimentales. Esto sucede en cuestión de milésimas de segundo y las personas lo expresan con estímulos, con tonos de voz de manera inconsciente.

En el PNL existen ejercicios de ejecución para evitar estos anclajes, para hacer que el individuo pueda generar sus propias respuestas de estímulo y no llevar la carga de emociones, reacciones o acciones de creencias negativas.

Por ejemplo, cuando las personas se encuentran en situación de miedo, buscarán la manera de sentirse más seguras con ellas mismas y aplicarán técnicas de relajación. Cuando tienen inseguridad pueden aplicar técnicas de seguridad, y si sientes ansiedad se implementan técnicas que les permitan regular sus emociones.

La PNL les presenta las herramientas para identificar cuándo una emoción puede dañar situaciones, y brindarles herramientas para cambiarlas por otras, o bajar el nivel de efectos en la misma persona.

Estas pueden también ser utilizadas en otras personas y así poder cambiar sus conductas de manera positiva, con simplemente utilizar ciertas palabras que generen estímulos y emociones satisfactorias. Así cambiar su perspectiva y así cambiarán su rendimiento del día.

La vida realmente está en constante cambio, pero, así como cambia la vida, puede cambiar el entorno, lo social, el ambiente entre otros. Las personas deben también cambiar junto con ella, deben desarrollar instantáneamente anclajes propios que las conduzcan a mejorar la situación, que conlleva a su propia calidad de vida, y a tener un autocontrol en ella.

En sí, la PNL son técnicas, ejercicios dinámicos, herramientas, donde el individuo aprende a través del lenguaje, que los centrará en el inicio de esos recuerdos. Recuerdos que surgen de manera inconsciente por medio del pasado e irán reviviendo ese inicio, donde se origina esa experiencia, para así, poder extraerlo de manera consciente y manipularlo, con el fin de ser ellos mismos quienes cambien su estado de ánimo, cambiando sus propios impulsos.

Con estas técnicas simplemente se dicen "Debemos manejar nuestras propias emociones". Como mencionamos anteriormente, son espontáneas, y por esta razón se deben aprender a manejar y dominar para mejorar sus desarrollos, a las dificultades que estas les traen en el momento menos esperado.

¿CÓMO PODEMOS REPRIMIRLAS O REEMPLAZARLAS?

Ante todo, las personas deben hacer una "transformación", no una transformación de su personalidad, sino una transformación en cómo deben percibir sus emociones, estando en puntos de anclaje que día a día los libran una mala pasada y que los llenan de estímulos del pasado. Que quizás no son la mejor opción, pero son la única que el cerebro sabe ejecutar.

Transformando la capacidad de reacción a respuestas, sea llenando su mente de ideas potenciadoras, pero más utilizando la herramienta de la lectura, su vocabulario, su conocimiento, la manera en que deben cuestionarse o la manera en que los vea el mundo. Evitar el reflejo negativo que utilizamos, solo por el simple hecho de no conocer más expresiones verbales y así poder seleccionarlas de manera adecuada, esto les dará más seguridad en ellos mismos.

Con la competencia, el ser humano de por sí, siempre ha tenido ese deseo de superación, pero más allá de esto es el deseo de superar a su semejante. Este deseo de superación, como es la competencia, es utilizado en el proceso de PNL para mejorar los cambios en las emociones del individuo. Esto con el fin de facilitar el entendimiento sin caer en calificativos generalizados, que traten de dañar al contrario para evitar así exageraciones de resultados.

Otros puntos claves para cambiar los estados emocionales, es saber diferenciar entre oír o escuchar. Esta es una práctica no convencional pero que las personas deben poner en práctica más a menudo, ya que en muchos casos oímos a los demás, pero, realmente no escuchamos con detenimiento lo que en realidad quieren expresar.

Al igual que estas herramientas, también existen técnicas de PNL aplicadas para el cambio de las emociones que a continuación describimos:

Anclaje

Esta técnica establece identificar los estados emocionales de una u otra manera, por vivencias propias que están vinculadas a los elementos sensoriales, como los que se pueden ver, los que se pueden oír, los que se pueden tocar y los que se pueden saborear. Así sea de manera positiva o negativa y así asociarlos al instante, para hacer cambios de los estados de ánimo y sean el más apropiado, para así, poder obtener un mejor resultado.

Un atuendo, puede cambiar la manera en la que sus emociones funciona, ya qué, les puede traer recuerdos, ánimos o una simple buena experiencia, un simple dulce que trae esos recuerdos de amor, una buena música que les brinda diversión. Lo que establecen primordialmente es estimular en ellos mismo estados de ánimo, estimular y hacer cambiar a sus cerebros la percepción de las cosas y así poder motivar a modificar creencias y patrones de conductas que te afectan.

Enfoque

Las personas tienen la necesidad de enfocarse en los resultados, más que en el problema, deben evitar lamentarse a toda cosa de los fracasos obtenidos, como toman la decisión a la hora de ejecutar mal una labor "No es pérdida de tiempo, es ganancia de conocimiento". Y así se irán enfocando a realizar ensayo, tras ensayo, y conseguir el éxito sin que las malas emociones perturben sus propósitos.

Estas son las técnicas más refutadas por la PNL para tomar el timón de las emociones, pero nada de esto vale si no se comprometen con ellos mismos. Deben ir preparándose para cambiar sus propias emociones, en busca de bienestar física, social, intelectual y grupal. Donde puedan aportar ideas a manera de redescubrirnos, que los humanos sean líderes en el comportamiento de muchas personas. Porque, así como se logran los triunfos al cambiar sus emociones, tendrá la satisfacción de demostrarle al mundo que si se puede.

Con la PNL se puede obtener resultados desde el momento que pongas en práctica las buenas herramientas que les proporcionan, la implementación de recursos para su bienestar físico y psicológico. Estar mentalmente en lo justo, aumenta la serenidad, el nivel de concentración, su propia salud mental y física, lograr el optimismo, aumentar la autoestima, mantener equilibrio entre trabajo, esfuerzo, y energía física.

En un punto clave, la ayuda que deben obtener de la PNL, es modificar su estado emocional. Es tratar de realizar cosas que creían imposibles, buscar el optimismo para encontrar mejores resultados en su vida, tomar iniciativas respecto a las actitudes, llegando así a un estado de satisfacción de manera útil, versátil, en pocas palabras, a un "estado deseado".

¿Cuándo debo Cambiar?

El momento para iniciar este proceso es al instante, si están leyendo este texto es porque están en la búsqueda de mejorar sus actitudes, con respecto a las emociones. Las personas quieren mejorar por sí mismas por esa razón comienzan a buscar el proceso de cambio para sus vidas. Simplemente cuando se realizan alguna pregunta, emocionalmente estás pensando, simplemente debemos de modificar la forma en que formulamos la pregunta.

- *¿Me puedo comprar un automóvil?*
- *¿No creo poder comprar un automóvil?*

En esta vida todo es simple, nosotros la hacemos complicada... la Respuesta es "Sí puedo", ya veremos cómo lo logramos.

SEMBRANDO IDEAS EN LA MENTE DE LAS PERSONAS

Cada día el mundo se hace más y más competitivo, por lo cual, es imperioso prepararse mentalmente para batallar con todas las adversidades que se presentan en la vida, sobre todo cuando se es emprendedor y existe la aspiración de tener un negocio propio.

Específicamente en esta área La PNL puede jugar un papel determinante, empleándola de la forma adecuada, debido a que puede ampliar y mejorar mucho las oportunidades para hacer crecer y desarrollar cualquier empresa o emprendimiento, con solo darle un giro positivo a las ideas.

Programar la mente con un lenguaje mejorado es una herramienta sumamente poderosa, que bien utilizada facilita la posibilidad de crear primeramente en un plano mental, todo lo que se desea alcanzar, para luego tomar del entorno los elementos necesarios y prepararse para conseguirlo.

Para ello, es necesario tomar conciencia de los pensamientos que surgen de forma espontánea en nuestra mente ante una situación, y aprender a controlarlos, procurando conducirlos a un estado de positivismo mucho más provechoso.

Recordemos que nuestros pensamientos están conformados por una serie de ideas, que han llegado a nuestra mente a través de las experiencias propias o ajenas, que hemos visto a lo largo de los años y que han forjado lo que somos hoy en día y nuestra manera de proceder ante cada situación.

No obstante, aprendiendo a manejar la PNL, es posible cambiar muchas de esas ideas que hasta los momentos solo han logrado limitar nuestras posibilidades de éxito, y así transformar no solo la manera en la que percibimos al mundo, sino lo que podemos lograr en él.

Cambiar o sembrar una idea puede ser más sencillo de lo que se piensa, si se utilizan los ejercicios o estrategias indicados, pero es importante tener claro que una idea no es cualquier cosa. Una idea puede transformar no sólo a una persona, sino a su entorno y en ocasiones hasta el mundo.

Por esta razón debe hacerse con responsabilidad y con fines positivos. Un emprendedor debe esforzarse por analizar sus pensamientos y generar ideas productivas y motivadoras, que le ayuden a encaminarse al logro de sus objetivos.

¿CÓMO SEMBRAR UNA IDEA?

No importa si se trata de nosotros mismos o de un tercero, para introducir una idea en la mente de cualquier persona, hay que tomar en cuenta una serie de datos que servirán de guía para realizar esta tarea de la mejor manera:

Definir el tipo de persona

Lo primero es analizar el tipo de persona y como recibe de manera más sencilla la información que toma del exterior. Puede ser visual, auditivo o kinestésico y aunque esto no es limitativo, porque todos poseemos el resto de nuestros sentidos, esto permite adaptar las condiciones en que se presentara la información, para que la persona en cuestión esté mucho más receptiva a la idea planteada. De esta forma es más fácil captar su atención y lograr que la internalice.

Definir el lenguaje

Lo siguiente será definir las estrategias de lenguaje más idóneas para sembrar la idea. El poder del lenguaje es infinito, con él podemos abordar a diferentes personas y obtener de ellos lo que esperamos, con sólo utilizar el lenguaje indicado. Saber comunicarse es esencial, pues el que sabe cómo transmitir una idea, seguro obtendrá mejores resultados. Así mismo, el que conoce y sabe manejar sus emociones y las de los demás, tiene mayores posibilidades de detectar el momento oportuno para sembrar una idea en ellos.

Elegir las premisas

Las premisas son ideas universales, ampliamente conocidas, que se consideran verdaderas, legítimas y han formado parte de la cultura por años, y que sirven de origen para encaminar el análisis de la persona, hasta que acepte la idea que se quiere sembrar en él, con la ayuda de su propio razonamiento. El valor de una premisa es incalculable, por esta razón no pueden usarse indiscriminadamente. Es importante tener claro el propósito final, para evitar emplear ideas confusas o que terminen por desestimar la idea principal.

Demostrar la veracidad

En este punto lo que se busca es tomar de la realidad hechos que confirmen que la idea que se desea implantar es genuina y efectiva. Para lograr esto, la clave es tomarse el tiempo de leer y ampliar nuestro léxico, así como ampliar los conocimientos acerca de la cultura e historia en general, pues así habrá mayores oportunidades de obtener los resultados que esperamos. Manejar datos y aspectos que evidencian lo que se plantea, aumenta la posibilidad de lograr sembrar ideas en la mente de cualquier persona.

Aprender a influir en las ideas de una persona, es una habilidad que con la ayuda de la Programación Neurolingüística puede generar grandes resultados para cualquier empresa, por pequeña que esta sea.

Desde el dueño del negocio, pasando por los empleados y llegando al consumidor final, todos en algún momento han sembrado una idea en la mente de otra persona y estos a su vez, han sido inducidos a tomar una idea que viene de alguien más. Es una acción natural que se da diariamente y muchas veces sin ni siquiera notarlo.

Las ideas dan origen al progreso y los cambios. Un emprendedor está lleno de ideas, y para lograr materializarlas muchas veces necesita sembrar y demostrar lo maravilloso de estas ideas a los inversionistas para que lo financien. En algunos casos, a sus empleados para que logren identificarse y transmitir el sentir de su empresa, a sus vendedores para que crean en sí mismos y logren realizar mejores ventas. Estos a su vez también siembran ideas en los compradores, para provocar una acción de compra motivada en ocasiones por necesidades que ni sabían que tenían.

Lo cierto, es que es un arte que debe estudiarse a profundidad para emplearlo de la mejor manera y obtener los mejores resultados. Programarse para absorber la mejor información del entorno y transfórmala en oportunidades, es una ventaja que puede incidir efectivamente en el crecimiento de cualquier negocio, por lo cual es vital que todo emprendedor maneje estas herramientas de PNL, para que desde su propia experiencia pueda impulsar el éxito de su negocio.

CAMBIANDO LA DIRECCIÓN DE LOS PENSAMIENTOS DE LAS PERSONAS

Son miles los pensamientos que pasan por la cabeza de una persona diariamente, y por lo general sin que ésta pueda controlarlos. Con la programación neurolingüística, surgen una serie de técnicas que ayudan a las personas a tomar conciencia de los pensamientos que se generan dentro de sí, con respecto a diversas situaciones y los sentimientos o reacciones que estos provocan en su cuerpo. De esta manera pueden llegar a entender por qué muchas veces no logran alcanzar lo que desean, a raíz de un auto-sabotaje involuntario.

Para el mundo empresarial, la PNL es una herramienta maravillosa que le permite mejorar el entorno laboral e impulsar el crecimiento del negocio, sea de la índole que sea. Dentro de cualquier organización, el capital humano es el valor más preciado, pero difícil de manejar, puesto que el comportamiento de cada persona viene dado por diversas experiencias propias que lo llevan a responder de una manera determinada ante diversas situaciones.

Es por ello, que para lograr mejorar la calidad en el pensamiento de las personas que conforman una organización, es necesario mostrarles toda la gama de oportunidades que pueden surgir a su alrededor tan solo con la posibilidad de mejorar o cambiar sus pensamientos. Por supuesto que no es una tarea fácil, en la cabeza de cada persona existen una serie de miedos, temores y condicionamientos, que son producto de diversas situaciones vividas través de los años y conductas aprendidas desde la infancia.

Aunque en un principio la programación neurolingüística no fue aceptada del todo en el mundo de los negocios, una vez que se conoció todos los alcances que podían representar para la empresa, el hecho de usar los recursos que está le ofrecía, se ha convertido gracias a su enfoque práctico, en la base para la formación del recurso humano en muchas de las empresas de hoy en día.

Al ponerlo en práctica han podido constatar el progreso en todas las áreas de la empresa. Desde el presidente hasta la persona de servicio, todos pueden ver favorecido su rendimiento gracias a la utilización de diversas técnicas.

La mayoría de las personas va por el mundo, llevando una vida casi sin sentido. Simplemente adaptándose a las circunstancias y prácticamente sobreviviendo. Aceptando del entorno lo que éste le ofrece y sin tomar control de lo que realmente puede hacer. Es sencillo asumir que si no se tiene la vida que uno sueña, es porque las circunstancias no lo permiten y conformarse con lo que está a nuestra disposición. Pero no es así, gracias a la programación neurolingüística muchos hoy en día han tomado el control de sus vidas, logrando en ocasiones hasta más de lo que un día se imaginaron.

La clave está en tomarse el tiempo de mirar hacia a adentro, y aceptar que cada uno es el único responsable de gran parte de lo que sucede a nuestro alrededor. De modo tal que al tomar el control de nuestros pensamientos y las ideas que diariamente pasan por nuestra cabeza, podremos cambiar esos mensajes negativos, que nos impiden encaminarnos hacia el logro de los objetivos y transformarlos en pensamientos de éxito.

Solo es necesario descubrir con cuál de nuestros sentidos percibimos mejor el mundo y utilizar los ejercicios que la PNL nos ofrece, para generar esos cambios efectivamente. Es importante destacar que, para que una persona pueda cambiar sus ideas, lo primero que debe hacer es eliminar sus bloqueos y aceptar la necesidad de transformar sus pensamientos.

Nuestra programación es resultado de nuestras capacidades y experiencias, y admitir una idea diferente requiere de abrir la mente y entender que la nueva idea es mejor. Esto se debe a que cada persona hace lo que puede, con lo que sabe. No se puede incorporar a nuestro proceder, nada de lo que no tengamos pruebas y menos sin nuestro pleno consentimiento.

Para cambiar efectivamente los pensamientos de una persona, es necesario conocer cuál es la manera en que esta entiende el mundo a través de sus sentidos, dependiendo de la situación en la que se encuentra.

Una persona visual será capaz de cambiar su pensamiento de forma más fluida, si se le presenta elementos visuales: imágenes, videos o incluso impulsándolos a imaginar cierta situación, que le permitan llegar a la conclusión de que esta idea, es mejor que la que ya tenía registrada en su cabeza.

En el caso de las personas auditivas, la mejor forma para tratar de romper su viejo esquema de pensamiento es a través de las palabras o sonidos. En este caso hay que tener presente el tono de la voz, la velocidad y la frecuencia con la que se transmite la información a la persona para despertar su interés y conectar con sus emociones. De esto depende que liberen su mente y les den acceso a nuevas ideas.

Para llegar a una persona kinestésica, es necesario estudiar otro tipo de estrategias, que van más ligadas con el movimiento y los otros sentidos (el tacto, el gusto y el olfato). Para obtener los resultados esperados de estas personas, puede ser necesario brindarle una sensación física que le permita sacar sus propias conclusiones.

Explorando el potencial

Ya sea, tocando algún objeto o utilizando los recuerdos para provocar ciertas reacciones como: salivación, inhalaciones o sensaciones de comodidad, ya que, esto es lo que por lo general los lleva a tomar decisiones favorables.

Dentro de una organización existen diversas personas y cada una de ellas tiene una forma diferente de entender el mundo. De hecho, dependiendo de la situación, no importa si se auditivo visual o kinestésico, podemos responder a determinadas situaciones de manera diferente, utilizando cualquiera de nuestros sentidos. Lo importante es entender que, el propósito principal de la programación neurolingüística es sacar lo mejor de cada uno e impulsarnos a descubrir todo lo que se puede llegar a hacer al darle cabida a las ideas diferentes.

La flexibilidad de pensamiento es un elemento que nunca debe faltar en cualquier organización. Esa capacidad de adaptarse a las nuevas tendencias y sacar lo mejor de cada situación puede ser determinante en el éxito de la misma.

LA ILUSIÓN DE LIBERTAD Y ELECCIÓN QUE PUEDES PERSUADIR

Si pensamos en la libertad como la posibilidad de hacer lo que uno quiera, cuando lo quiera y como lo quiera, sin restricción alguna, se podría concluir que la libertad real no existe. Los seres humanos comúnmente vivimos en comunidades, en donde hay una serie de reglas y normas fundamentadas para una sana convivencia y que fueron creadas mucho antes de nosotros viniéramos a este mundo. Y aunque algunas puedan resultarnos molestas hay que admitir que también nos generan cierta seguridad y estabilidad.

No obstante, la libertad sí existe, pero hablamos de la libertad de pensamiento y nuestra capacidad para decidir acerca de, qué es lo que nos gusta, qué nos hace felices y donde nos sentimos más cómodos.

Esto viene motivado por nuestros intereses y habilidades. Es lo que nos impulsa a actuar para buscar alcanzar esos objetivos, pero bajo los valores de respeto y responsabilidad que toda persona debe tener en sus acciones, para no ir en perjuicio de nadie más.

Tomar lo mejor de la vida o desaprovechar las oportunidades, depende de cada uno. Es nuestro libre albedrío el que nos permite tomar nuestras decisiones de vida y aprender a vivir con ellas. Algunos se conforman con victimizarse y asumir que el mundo es el responsable de su situación.

Que sólo somos marionetas en las manos de un ser superior, pero las evidencias demuestran lo contrario. Todo el que desea mejorar sus condiciones de vida, debe hacerse responsable de sus pensamientos y acciones, para poder tomar el control y no culpar a alguien más de sus fracasos.

La PNL solo funciona si se toma conciencia de esa verdad y se aceptan nuevas ideas que puedan provocar una mejora en la calidad de vida. Es importante entender que nuestro pensamiento es libre y por lo tanto puede cambiar para mejor o peor.

Esto depende única y exclusivamente de nuestras elecciones. Si bien existen factores externos que pueden dificultar el logro de nuestros propósitos, cuando hay una claridad y compromiso con nuestro objetivo, siempre podremos encontrar la manera de llegar hasta él, aunque esto requiera de más tiempo y esfuerzo.

Ser libres no significa que podamos estar y hacer lo que queramos en un momento determinado, pero sí podemos prepararnos y buscar las herramientas que necesitamos, para que, en base a nuestro esfuerzo y dedicación, lograr estar en ese lugar y bajo las condiciones que soñamos.

Las situaciones difíciles se nos presentan a todos, pero estamos en libertad de elegir, si nos dejamos afectar o encontramos la manera de darle la vuelta a la situación y salir a flote superando los obstáculos.

Lo que ha logrado la programación neurolingüística enseñando a las personas a usar su libertad de pensamiento dentro de las organizaciones es impresionante. No tiene nada que ver con la manipulación, sino con persuadir a las personas para que abran sus mentes a nuevas ideas y tengan la opción de crear mejores oportunidades para sí mismos.

En un negocio en donde se sabe que nadie cambia sino cree que es necesario y beneficioso hacerlo siempre habrá mayores oportunidades de crecimiento para todos. Una de las herramientas de las que se vale la PNL para conseguir modificar ciertos pensamientos en la mente de cualquier persona, es utilizar un lenguaje atractivo y adaptado a las capacidades sensoriales de cada persona.

Aunque se considera, que una de las claves para llegar con mayor facilidad, sobre todo en los casos en donde se maneja un grupo de personas, es trabajar con los tres tipos de lenguaje: visual, auditivo y kinestésico a la vez. De esta forma se aseguran de que, de un modo u otro, las personas involucradas tengan la misma oportunidad de llegar a los conceptos o conclusiones deseadas y que finalmente se conseguirá un beneficio global.

Por medio del lenguaje se pueden conseguir resultados extraordinarios, cuando este es empleado de la forma correcta. Para ello, es necesario tomar conciencia de las palabras que se usarán y no hacerlo sin un estudio previo, ya que, esto puede dar o restar poder dependiendo de la inteligencia con la que sean aplicadas.

La idea es usar palabras potenciadoras, para sustituir aquellas que sean negativas y limiten el campo de acción. En tal sentido las palabras deben ser empleadas con suma cautela y pensando específicamente el propósito que se quiere lograr.

Al llevar a cabo una negociación, una palabra mal empleada puede cambiar los resultados de manera absoluta. Si dentro de la conversación se emplea un "NO" erróneamente, se pueden reforzar actitudes negativas sin querer.

Por ejemplo, en el momento de una venta, si se le dice a la persona, que no se preocupe, que NO sé está tratando de venderle nada, se logra el efecto contrario y puede predisponerse. Según la PNL, la idea es hablar desde la afirmación y sería mejor decirle, que sólo se está tratando de asesorarlo.

Otra de las estrategias que se pueden usar para lograr que una persona acepte una propuesta, es mostrarle cómo esta decisión puede afectar el desarrollo de su vida, dejándole ver cuáles son los efectos positivos que podría traer. Así como de no hacerlo, qué es lo que podría pasar o más bien, cómo en su vida todo seguiría igual y sin mejoras.

Como vemos, no se trata de manipular a la persona, para que haga determinada acción, sino mostrarle todas las ventajas que podría obtener si se decide a dar el paso, para que, bajo la premisa de libertad de pensamiento, elija por sí mismo realizar dicha acción.

Creando una perspectiva positiva

Cuando nos hacemos conscientes de la posibilidad que tenemos en nuestras manos de cambiar todo lo que está a nuestro alrededor, gracias a la creación o internalización de nuevas ideas, es lógico pensar que estos cambios deben llevarnos a mejorar nuestras condiciones de vida. Para ello es necesario, inclinar nuestros pensamientos en una dirección mucho más positiva.

Y aunque muchos tengan esto presente, no todos saben cómo funciona o cómo llevarlo a la práctica. Para poder percibir el mundo de una forma más positiva y que esto tenga una incidencia directa sobre el crecimiento de nuestro negocio, es necesario en principio tener claro que ver el lado positivo de las cosas, no significa que no estemos propensos a equivocarnos o a fracasar.

Ser positivo implica que, a pesar de las vicisitudes, estamos en la libertad de tomar lo mejor de la experiencia y transformarlo en herramientas para futuras situaciones. Nadie se arriesga a comenzar un negocio pensando que le irá mal, al menos no conscientemente. Por esta razón, es que se hace tanto hincapié, en que al usar la PNL tenemos más posibilidades de alcanzar el éxito en cualquier proyecto.

Al programar la mente de todos los que conforman una organización con frases positivas, su comportamiento estará más orientado hacia el éxito y seguramente obtendrá mejores resultados. Cuando nos adentramos en la raíz de nuestro comportamiento, podemos detectar acciones inconscientes, que de un modo u otro limitan nuestras oportunidades de crecimiento,

Con la programación neurolingüística se da por sentado qué es lo que se espera en la mente, hacia dónde se enfoca nuestra atención y finalmente es lo que se consigue. Los alcances de una mente positiva van desde la posibilidad de lograr sus metas con mayor facilidad, lograr transformar las debilidades en fortalezas en pro de sus sueños, desarrollar la creatividad ante las dificultades y hasta poder anticiparse a estas con la mejor disposición y respuestas oportunas.

Cuando se trabaja en potenciar los pensamientos de forma positiva, esto influye directamente sobre los resultados. Dicho de otro modo, lo que sucede en el mundo, es a causa de nuestros pensamientos y esto en menor o mayor medida afecta al universo.

Aunque muchas veces no se ve así, lo que hay que tener presente, es que podemos controlar todo lo que pensamos y es nuestra elección manejarlos de manera positiva o negativa. Esto es sólo el resultado de procesos internos que se realizan consciente e inconscientemente.

Con la PNL se busca el despertar de la conciencia humana, hacia el reconocimiento propio de todos sus potenciales, y esto empleado dentro de cualquier organización, aumenta sus posibilidades de mantenerse y triunfar dentro de cualquier mercado.

Adiestrarse y adiestrar al personal de cualquier empresa, para tomar lo mejor de cada experiencia, es una inversión que se regresa a la organización de manera triplicada, cuando se observan los resultados. Pues al lograr una buena actitud ante cualquier suceso en una jornada laboral, el progreso será inminente.

Algunos tips que pueden tomarse en cuenta para crear una perspectiva más positiva, en el área de los negocios, son los siguientes:

Estudia tus palabras

El lenguaje es la base fundamental de la PNL. Cada palabra genera una reacción, un efecto que puede ser diferente en cada persona. Siendo así, deben cuidarse y emplearse de la manera más delicada posible. Hay palabras que pueden promover sentimientos negativos.

No se trata de hablar por hablar, sino que cada palabra debe ser bien pensada y tener un propósito dentro de lo que se quiere comunicar, para no crear confusión. La idea es generar en las personas sentimientos agradables y que evoque al bienestar.

De no ser así, sería preferible permanecer callado y escuchar cuáles son las necesidades o pensamientos de las otras personas, para poder analizar mejor la información que se le va a presentar, para que pueda tomarlo de la manera más positiva posible.

Aprende a controlar los "NO"

En la búsqueda por potenciar todos los pensamientos positivos, es normal que pueden escaparse algunos "NO" y no hay que preocuparse por esto. Poco a poco, a medida que se van creando afirmaciones en la mente de las personas, esos "NO" irán desapareciendo y le dará más espacio a los "SÍ".

Sólo hay que tener un poco más de concentración y procurar tener pensamientos más simples y positivos. Cuando se usa la palabra "NO" en una oración, muchas veces el oyente no la asimila de manera inconsciente y solo toma el resto de la frase. Por lo que, lo más seguro es que solo grabe precisamente la información que se desea evitar.

Esto puede evitarse, tratando de crear ideas desde el punto de vista de lo que sí se debe hacer o lo que es mejor y más favorable realizar. De esta manera el impacto de las palabras es más positivo y la predisposición es más favorable.

MANEJA TU COMUNICACIÓN NO VERBAL

Es necesario cuidar la congruencia de las palabras con las acciones. No sirve de nada querer transmitir un sentimiento positivo, cuando el tono de voz es agresivo y fuera dé lugar. De igual modo, si está acompañado de gestos exagerados o exacerbados, las personas a las que se les desea transmitir la información no podrán procesarla de la forma correcta, por la falta de equilibrio entre las palabras y los gestos.

Una buena estrategia para corregir esta falla es pedirle a algún amigo que te dé su opinión acerca de cómo te ve y qué percibe de ti cuando le hablas. Si logramos aceptar que somos los dueños de nuestro mundo, que todo lo que está a nuestro alrededor es producto de nuestra propia creación mental y de cómo actuamos ante las situaciones que se nos presentan, será mucho más fácil crear un ambiente favorable para desarrollar cualquier negocio y alcanzar el éxito.

Sin importar cuántas amenazas existan en el entorno, podremos sacar provecho de estas y transformarlas en oportunidades. Cambiando no sólo nuestra mente, sino la de todos los que formen parte de dicho emprendimiento, para su propio desarrollo y el de nuestra empresa.

Pensar de forma positiva nos libera de las anclas y nos permite sentirnos mucho más libres y seguros dentro del entorno. Porque crea una fortaleza interna que nos lleva a pensar que somos capaces de superar cualquier problema, aprender todo lo que pueda de él y al mismo tiempo liberarnos de lo que ya no le sirve, dará mayor espacio a nuevas y mejores experiencias.

CÓMO HACER QUE TUS SUGERENCIAS SEAN ACEPTADAS

Dentro de cualquier negocio o emprendimiento, es sumamente importante manejar las herramientas necesarias, para que tanto el equipo de trabajo como tus clientes, puedan mostrar una mayor receptividad ante tu producto o servicio, o simplemente para que acepten con mayor facilidad una idea que se está presentando.

Las técnicas de PNL dan la oportunidad de sacar a flote la mejor versión de cada uno, su efectividad es tal, que algunos han logrado cambiar en tan sólo minutos. Para lograr el éxito a través de estas técnicas, es necesario implementar patrones de conducta a través de acciones repetitivas, preparando así nuestra mente para alcanzar lo que deseamos.

Muchos andan por el mundo esperando que todo lo de afuera cambie. No se dan cuenta que, el cambio comienza en el interior. No es lo que sucede afuera lo que dicta nuestro triunfo o fracaso. Es la manera en la que nosotros asumimos esos hechos, lo que les da la connotación de ser un triunfo o un fracaso.

Obtener un Sí cuando se está realizando alguna negociación, en ocasiones se torna vital para la empresa. Y no sólo en este caso, también dentro del equipo de trabajo, muchas veces se torna complicado hacer que las personas asimilen ciertas ideas y las apliquen para conseguir determinados objetivos.

Influenciar la respuesta de cualquier persona o de muchas a la vez, es uno de los poderes que otorga el buen manejo de la PNL. Cuando se impacta de forma positiva en la mente de las personas, los cambios son evidentes y por lo general no requieren de mucho tiempo.

Uno de los puntos primordiales que deben tenerse en consideración antes de aplicar cualquiera de estas técnicas, es que cualquier persona está más abierta aceptar cualquier propuesta, cuando siente confianza por la persona que le habla. Esto se consigue por medio de elementos como: claridad, franqueza y amabilidad.

Existe mayor probabilidad de creer en una persona que desde el principio se muestra tal cual es y da pruebas reales de lo que habla, que en aquella de la cual se sabe poco y no puede validar con hechos la certeza de sus palabras.

Muchos han estudiado las razones que llevan a una persona aceptar las sugerencias de otro y aunque para cada uno de ellos las respuestas pueden variar en cierto grado, en general el obtener un sí o la aceptación por parte de otra persona viene dado por los siguientes elementos:

Reciprocidad

Está comprobado que las personas aceptan las ideas de otras personas con menos resistencia, cuándo reciben algo a cambio. Es decir, que su respuesta se ve motivada por un sentimiento de reciprocidad ante cierta acción.

Además, no sólo se trata de lo que recibes, sino la manera en que se le da. El trato se convierte en un elemento clave para conseguir un fin y mucho más cuándo lo que se le ofrece se adecua específicamente a sus necesidades y se hace de manera inesperada.

Escasez

No todas las personas responden ante los estímulos de la misma forma. Sin embargo, muchas lo hacen ante la posibilidad de no poder acceder a ellos con facilidad. Es claro que cada persona tiene necesidades diferentes.

Pero cuando se le ofrece una serie de beneficios atractivos y que le brindan la posibilidad de mejorar su calidad de vida, es casi seguro que se decida aprovechar la oportunidad antes que otra persona. Asegurándose de que entienda, que la oportunidad será sólo para unos pocos y muchos desearían tenerla.

Autoridad

Muchos le dan mayor credibilidad a las personas, cuando conocen su trayectoria o tienen avales académicos que respalden todo lo que ofrecen. Es más fácil aceptar la opinión de una persona que ya ha pasado por diversas situaciones y hay constancia de que ha tenido buenos resultados, que en otra que no se ha preparado y que sólo habla desde la experiencia ajena y no la propia.

Cuando existe la posibilidad de demostrar con hechos que una idea es mejor que otra, es casi seguro que la persona reaccione de manera positiva ante todo lo que se le plantea.

Consistencia

Para conseguir un Sí por medio de la consistencia, es necesario hacer un trabajo minucioso y progresivo en la mente de las personas. Llevándolo a través de pequeñas acciones, hasta que finalmente obtengamos de él la respuesta que estamos buscando.

Es una técnica más laboriosa y requiere de tiempo y dedicación, pero puede ser muy efectiva, cuando se genera un compromiso por parte de los involucrados y se les hace entender que, gracias a su acción, se está obteniendo beneficios sociales. Por ejemplo, que no sólo los beneficia a ellos sino también a su entorno.

Simpatía

Está comprobado que cualquier negociación, puede cerrarse mucho más rápido cuando existe empatía entre las partes involucradas. Es decir, las personas están condicionadas de cierto modo a confiar en aquellos que les parecen más simpáticos, con los que tienen ciertas similitudes en la forma de actuar o pensar.

En otras palabras, sí se logra caerle bien a la persona con la que se está realizando la negociación, hay mayores probabilidades de que presente menos resistencia a aceptar las ideas que se están planteando.

Consenso

En algunas ocasiones, para las personas es más sencillo tomar una decisión, cuando ven que otros a su alrededor hacen lo mismo. Es decir, que sus acciones muchas veces están condicionadas, por el hecho de sentirse aceptados, más que por las propias convicciones.

Suelen creer que es más importante el encajar que él estar realmente de acuerdo con determinado planteamiento. En estos casos, para transmitir cualquier mensaje, es más útil usar datos de como otros ya lo han aceptado y lo que piensan al respecto.

CÓMO CAMBIAR CREENCIAS

Lo primero que hay que saber es que las creencias no son una verdad absoluta que se repite en la mente de todas las personas de la misma forma. Se trata más bien de una serie de ideas que se encuentran en la mente de cada persona y que forman parte de su personalidad y que de algún modo dictan su proceder.

Dichas ideas son producto de experiencias propias y ajenas, así como los aprendizajes obtenidos a través de los años. Ya sea en el hogar por medio de los padres y familiares en la escuela a través de los maestros y compañeros o en general a través de los diversos medios como libros, televisión, Internet etc.

Todas esas ideas y pensamientos son la base de nuestra realidad, la que hemos creado entendiendo que la realidad tampoco es absoluta y que es diferente para cada uno. La manera en que percibimos el mundo es única e irrepetible y aunque puede ser semejante a otra persona, nunca será producto de las mismas experiencias.

Tomar conciencia de esto nos permitirá tomar el control de nuestros pensamientos y creencias para transformarlo en una gama de mejores oportunidades para nuestra vida. Cuando nos damos cuenta que muchas de esas creencias nos están cortando el campo de acción, es el momento de tomar las riendas de nuestra vida y aceptar que no hemos logrado lo que soñamos.

No se debe a los agentes externos que siempre van a estar allí, sino por nuestras creencias limitantes, nuestros miedos, nuestras debilidades, nuestras carencias. Cuando no nos percatamos de los efectos nocivos de estas en nuestra vida, difícilmente podremos avanzar y salir de ese "cuarto oscuro", por así decirlo.

A través de la programación neurolingüística existen diferentes técnicas que pueden aplicarse para para conseguir reemplazar esas creencias que no te dejan avanzar por otras que pueden potenciar todas tus oportunidades de alcanzar tus metas personales y profesionales.

Esta es una actividad que debería ser considerada como obligatoria dentro de cualquier organización. Pues, en la medida que las personas que hacen vida en ella cambien las creencias que limitan su proceder esto le dará paso al progreso y crecimiento de cualquier empresa.

CÓMO CAMBIAR UNA CREENCIA QUE POR AÑOS HA ESTADO DICTANDO NUESTRAS ACCIONES:

El primer paso para cambiar una creencia limitante es identificar cuál es la situación que en este momento está causando malestar o conflictos en tu vida para ello. Es necesario prestar atención a cómo reaccionas ante esa situación y cuáles son los pensamientos o las creencias que surgen en tu cabeza de manera espontánea y que dan pie a esas sensaciones.

Es importante tomar conciencia del diálogo interno que se produce pues en muchos casos este suele ser duro y excesivamente crítico. En esos casos es recomendable realizar ciertos ejercicios como, por ejemplo, ante situaciones de estrés y en dónde surgen muchos pensamientos negativos, detenerse un momento a observar el entorno y comenzar a utilizar los sentidos para detallar lo que sucede a nuestro alrededor.

Tomar conciencia de lo que oímos, vemos y sentimos, nos permitirá desconectarnos de la lluvia de pensamientos negativos. De esa manera es posible cortar su influencia en la forma como nos tratamos a nosotros mismos. Una vez que se descubre cuál o cuáles son las creencias que te están impidiendo tomar lo mejor de esa situación, debes preguntarte si está es totalmente cierta.

Es decir, si lo que piensas es una realidad tangible y existen pruebas que lo certifiquen. Porque lo más probable es que descubras que no es así, o al menos no aplica como una regla general para todos los casos. Por lo tanto, desde tu propio razonamiento entenderás que no es necesario aferrarse a ella sí sólo te trae conflictos y te aleja del éxito y tú paz mental

Analizar esa creencia, de dónde viene, cuánto tiempo llevas creyendo lo mismo, cómo llegó a ti, sí fue a través de la experiencia propia o ajena. Si es irracional o inconsciente, si te aporta algún beneficio, todo esto te permitirá desechar más rápidamente dicha creencia.

Para ello puedes usar estrategias como la visualización de tomar la idea y botarla en la basura también puede hacerse físicamente tomando un papel y escribiéndola para luego botarlo. Esta y muchas otras técnicas son realmente efectivas para eliminar creencias limitantes.

Lo siguiente que debes hacer es elegir una creencia diferente a la que ya tenía y que aporte mayores beneficios en tu crecimiento personal una idea más flexible y ajustada a la realidad y a los propósitos que tienes en la vida. Pues de lo que se trata es de estructural tu patrón de pensamiento de forma tal que los nuevos elementos que conforman tu realidad sean mucho más positivos verdaderos y potenciadores.

De esta forma los objetivos serán más fáciles de alcanzar y en muchos casos es posible sentir hasta que se presentan de forma natural como respuesta a tu cambio de actitud. Para reforzar una nueva idea es recomendable tomar ejemplos de otras personas que ya lo han utilizado y han obtenido buenos resultados.

También es válido apoyarse en experiencias anteriores en donde de cierto modo pudimos haber actuado bajo esa creencia o en dónde posiblemente hubiésemos cambiado favorablemente los resultados si hubiésemos actuado bajo esa premisa. Cambiar una idea en la mente de una persona no es tan fácil cómo borrar y volver a escribir en una computadora.

Por lo tanto, requiere de constancia, y para ayudarte en ese proceso, aparte de realizar afirmaciones, repeticiones y visualizaciones que fortalezcan esta idea en tu mente, puedes empezar por introducir en tus conversaciones la nueva creencia que deseas que forma parte de ti desde ahora y para siempre. Dándolo por sentado y permitiéndote a ti mismo asimilar la información de forma natural.

A nivel empresarial, esta es una herramienta básica no solo por el hecho de cambiar las creencias del personal, sino que también deben emplearse otras estrategias, cómo, por ejemplo, la publicidad y los comerciales recurrentes con información específica. Estos muchas veces animan al consumidor a probar un nuevo producto o al menos cambiar su percepción acerca de él.

CÓMO AVANZAR DE LOS MONÓLOGOS A LAS CONVERSACIONES PERSUASIVAS

La programación neurolingüística es una disciplina que ha cambiado la vida de muchas personas y que requiere ante todo de compromiso y determinación para alcanzar las metas propuestas, pero como cada cabeza es un mundo, los cambios no se dan de la misma forma en cada persona, ni tampoco en el mismo tiempo.

Lo primero que debe haber en la persona es la aceptación de que es responsable de lo que sucede a su alrededor, y en respuesta a esto se genera la necesidad personal de realizar un cambio interno que no obedece a ninguna moda o tendencia social.

Cambiar la manera en que procesamos la información que recibimos del mundo y transformarla en ideas que mejoren la forma en que nos vemos a nosotros mismos y al mundo que nos rodea, es una tarea que se inicia en nuestro mundo interior. Por medio de una conversación franca y abierta, surge un monólogo en el que nos damos cuenta que nuestras acciones no están siendo congruentes con lo que esperamos del mundo exterior.

Todas las estrategias y ejercicios que ofrece la PNL le dan a cada persona la posibilidad de dominar sus propios pensamientos y mejorar la calidad de pensamiento, hasta que ese diálogo interno comienza a ser más gentil fluido y honesto.

Es en este momento en donde las personas ya están incapacidad de emplear todos estos conocimientos y compartirlas con el resto del mundo, contribuyendo de esta manera a mejorar los canales de comunicación dentro de los diferentes espacios en dónde se desenvuelva.

Para desarrollar cualquier negocio o emprendimiento, manejar las herramientas de la PNL es una de las claves que puede ayudarle a mantenerse por largo tiempo en el mercado y en el mejor de los casos a destacarse entre la multitud y alcanzar mucho más de lo que alguna vez ha soñado.

Pues, una vez que existe el control interno de los pensamientos hay más facilidad para transmitir de una mejor manera un mensaje. De esta forma conseguir que otras personas apoyen nuestro proyecto, o acepte las ideas que les proponemos por medio de conversaciones en dónde la persuasión juega un papel determinante.

Cuando se superan los límites internos y se pasa del monólogo o a las conversaciones con otras personas para conseguir determinadas respuestas de ellos, es necesario prepararse y manejar un léxico más amplio. Así como un mayor control sobre los gestos y las emociones que te muestran al hablar, estudiando de manera detallada los argumentos que nos permiten lograr con mayor facilidad el entendimiento de los conceptos que se le estén presentando a la persona involucrada.

Para algunos, la persuasión es una herramienta para engañar a la gente, y, de hecho, muchos ya la han usado para este fin. Pero el propósito de la programación neurolingüística es ayudar a las personas para que mejoren sus potencialidades tomando el control de su propia vida. Es claro que el aprender a manejar una herramienta como ésta es una estupenda opción que puede servir para mejorar los canales de comunicación en todas las áreas de la vida.

Algunas de las claves que pueden servir para persuadir a otras personas son las siguientes:

Explíquese bien (de forma oral, gestual y emocionalmente)

Según algunos estudios, las personas luego de una conversación sólo se quedan con un 40% a un 50% de la información que han escuchado. Y esto sólo es en el mejor de los casos, y no se trata de que no hayan prestado suficiente atención, es sólo que el cerebro está condicionado a extraer lo más importante de toda la conversación haciendo un resumen para sí mismo.

Por lo tanto, la idea es preparar de forma detallada los argumentos que se desea que la persona asimile, y acompañarlo de gestos y comentarios que pueden provocar sensaciones en él que lo ayuden a procesar de la manera correcta lo que queremos que este entienda

Refuerza la información

Teniendo en cuenta que cada persona asimila información de manera diferente, es importante incluir dentro de la conversación varias veces la idea principal que queremos dejar clara en la mente de la persona. Para que así podamos asegurarnos de que no haya confusiones ni hemos perdido nuestro tiempo.

Por lo general, la persona guarda en su memoria sólo aquello que le parece atractivo y con lo que está de acuerdo. Por lo tanto, si la idea que se está planteando es muy diferente a la que ya maneja, es necesario reforzar la información y demostrarle por qué sería mejor cambiar su visión respecto al tema que se está planteando.

Aprender a escuchar

En una conversación en donde se pretende que una persona cambie de opinión, muchas veces se olvida que lo principal es escuchar lo que esta persona tiene que decir. Si prestamos atención a sus objeciones o necesidades, las probabilidades de que la información que le hagamos llegar sea de mayor provecho para ella será mucho más alta. Asimismo, no requerirá de tanto esfuerzo el hacerle entender que decidir por nuestra opción es lo que más le conviene.

Evitar las interrupciones

Cuando hay un propósito definido, es importante crear las condiciones en el entorno para asegurarse de conseguir los objetivos. Es decir, el lugar donde se pretende realizar una conversación. lo ideal el que sea ambiente tranquilo y en donde no existan mayores distracciones. Tanto para el que da la información como para el que la recibe.

No obstante, esto no es fácil de conseguir, en algunos casos las conversaciones deben darse ante miles de agentes distractores. Lo importante es estar atento y percatarse de los momentos en que el interlocutor refleja alguna baja de energía, pues aun así no se deben abandonar los objetivos. La clave aquí será repetir la idea principal cuantas veces sea necesario para asegurarse de que al menos en una de las oportunidades escuche nuestra propuesta.

Dé una buena conclusión

Para llegar a este paso, primero debe estar completamente seguro de que las personas involucradas, sea una o un grupo, están en sintonía con lo que se les está comunicando. Que asimila toda la información y no tiene objeción alguna, pues de presentarse, está el momento de la conclusión.

Debe posponerse hasta lograr una apertura en el pensamiento, que permita asimilar cómo hallar fluidez en la información resumida que se presenta en la conclusión. Sólo así se logra el objetivo que es que se dé una conexión emocional y por tanto una respuesta afirmativa. (Actitud positiva y de aceptación).

Manejando objeciones

Una de las tareas más difíciles de afrontar en la vida es cómo superar las objeciones, tanto si vienen de nuestras propias conclusiones o si vienen de otras personas cuando tratamos de que comprendan o acepten lo que creemos que es mejor.

Sobre todo, a nivel empresarial, es uno de los desafíos que permiten mayor crecimiento dentro del personal. Pues invitan a buscar todos los elementos que sean posibles para derrumbar las barreras que se interponen entre el escucha, y la posibilidad de dejar pasar la información que se está presentando y admitirla para sí mismo.

Es normal recibir críticas y quejas ante cualquier propuesta, no siempre las personas están abiertas a cambiar su percepción de manera inmediata. En esta toma de decisiones influyen una serie de factores que muchas veces están fuera de nuestro control, pero ante los que debemos anticiparnos y aprender a dominar para obtener el mayor número de respuestas afirmativas.

Una objeción es una opinión contraria o negativa acerca de nuestro planteamiento. Específicamente para una empresa, representa todo lo negativo que se puede conocer acerca de ella y que en determinado momento puede evitar que el cliente reaccione favorablemente ante la posibilidad de compra.

No obstante, si se sabe manejar la información, una objeción puede transformarse y dar mayores posibilidades de llevar a cabo una buena negociación, siempre y cuando se logre satisfacer las necesidades de la persona. Uno de los sentimientos que quizás puedan entorpecer la realización de una negociación es la inactividad.

El no tener respuesta ante una inquietud genera miedo y desconfianza ante cualquier persona. Por lo que hay que prepararse conocer a detalle las ventajas y desventajas del producto y armarse con la mayor cantidad de argumentos. No sólo hablados, y sino físicos que permitan refutar con propiedad las objeciones de cualquier persona, ya que el cerebro acepta mejor lo que puede tocar y confía en esto.

Existen dos tipos de objeciones:
Las dudas

En este caso la persona se muestra interesada en lo que se le está planteando sin embargo es posible que desconozca a profundidad los beneficios que obtendría de él. Por lo tanto, presenta una serie de dudas las cuales deberán responderse con seguridad para generar confianza y provocar una reacción positiva.

Las excusas

Por otro lado, están las personas que no manifiestan mayor interés en nuestra propuesta y evade toda la información que se le está presentando. En este caso se debe estar muy atento a las señales verbales y físicas para no perder el tiempo puesto que por lo general este tipo de persona no aceptarán nada de lo que se les plantee, pues no tienen una buena disposición a realizar algún cambio en su opinión.

Algunas de las objeciones más comunes que pueden presentarse en cualquier negociación y qué podemos aprender a manejar son las siguientes:

El precio es muy elevado

Ante esta idea, lo primero que hay que hacer es indagar acerca de cuál es el presupuesto con el que cuenta la persona para adquirir el producto o servicio, y porque considera que es costoso. Manejando esta información, el siguiente paso está en mostrarle todos los atributos y beneficios que podría obtener al realizar la acción de compra. Además del ahorro que a largo plazo puede representar al usar un producto de calidad. Con estos argumentos, la persona puede llegar a reflexionar y cambiar de opinión con respecto al precio.

No es lo que estoy buscando

En este caso, la idea es analizar junto al cliente qué es lo que necesita y hacerle ver, como tener dicho producto o servicio podría representar una ventaja para él en cierto momento, y qué tipo de problemas podría ayudarle a resolver. De esta forma la persona puede entender que, más que una compra, con esto podría obtener una ayuda real. La clave está en identificar cuál es su necesidad para poder darle una respuesta acertada.

Prefiero los productos de la competencia

Una de las primeras informaciones que debe manejar cualquier vendedor o promotor de un producto o servicio es la competencia. Conocer cuáles son las diferencias que nos favorecen dentro del mercado y el nivel real de satisfacción que podemos ofrecer, es la clave para poder cambiar el punto de vista de cualquier persona.

Si se conocen las debilidades y fortalezas de la competencia y se puede demostrar que nuestro producto o servicio lo supera, es casi seguro que se logre la negociación.

Me produce desconfianza

Con esta objeción no servirá de nada pedirle que nos crea si no tenemos un aval físico que pueda demostrar la trayectoria y los logros conocidos de nuestro negocio. También puede servir el comentar acerca de nuestra propia experiencia al usar dicho producto o servicio.

Así como la experiencia de otros usuarios, en ocasiones también puede servir el informar acerca de algún beneficio social con el cual pueda estar interesado en colaborar la persona en cuestión.

En líneas generales para lograr que otra persona realice una acción específica es necesario desarrollar una relación de empatía con ella. Tratar de entender qué es lo que desea y descubrir cuáles son los miedos o dudas reales que le impiden responder positivamente a lo que se le está planteando.

Es la mejor manera de encontrar los elementos atractivos que puedan demostrarle que es la opción indicada para él o ella, y que una vez tomada esta decisión podrá sentirse tranquilo y satisfecho Sabiendo que los beneficios que obtendrá no sólo son materiales sino emocionales.

¿Cómo se logra esto? aprendiendo a utilizar los canales

sensoriales para ofrecerle al cliente más que un producto o servicio, una experiencia enriquecedora.

CÓMO USAR REPRESENTACIONES INTERNAS PARA DIRIGIR LOS PENSAMIENTOS DE UNA PERSONA

Cuando llegamos al mundo, la mayoría de las personas nacemos con nuestros cinco sentidos en pleno funcionamiento: vista, oído, gusto, olfato y tacto. Es lo que nos permite ir descubriendo cada uno de los elementos que conforman nuestro mundo. No obstante, cada uno desarrolla en mayor o menor grado cada sentido dependiendo de sus propias habilidades, destrezas e intereses. Es por esta razón que, ante un mismo hecho, no todos los involucrados perciben los mismos elementos ni sacan las mismas conclusiones

Una vez más la frase conocida: "cada cabeza es un mundo" se hace relevante, especialmente para la utilización de las técnicas de programación neurolingüística la base fundamental para propiciar cualquier cambio. Tanto a nivel interno como en otras personas es entender la manera en que procesa la información que está alrededor de la forma más sencilla a través de sus sentidos.

Aunque todos podamos notar muchos detalles a la vez, por lo general, hay ciertos aspectos a los que les damos mayor importancia. Es precisamente a través de estas características que podemos tomar el control de nuestro pensamiento y llevarlo a un nivel más elevado.

Cada experiencia de la vida es almacenada en el cerebro a través de un recuerdo, el cual, dependiendo del canal de procesamiento predilecto de cada persona, estará compuesto por determinados elementos que pueden ser auditivos visuales o kinestésicos.

En base a estos, la PNL trabaja para fortalecer o modificar algún comportamiento a través de las representaciones internas, que no es más que el resumen o síntesis que hace cualquier persona en su cabeza y que da origen a ciertos patrones de comportamiento en base a sus ideas.

Una de las formas en que la programación neurolingüística ayuda a modificar las ideas de las personas es fortaleciendo su habilidad para realizar representaciones internas. Esto lo hace a través de la construcción, por encima de sus representaciones básicas.

Es decir, reestructurando el modo en que hemos guardado todas las ideas o conceptos a lo largo de la vida, impulsándote a usar tus otros sentidos para crear una nueva representación más completa y enriquecedora. Mensajes enfocados en que mejorar tu creatividad te dará más opciones a la hora de resolver un problema, gracias a una perspectiva diferente.

La interpretación de la realidad es la base que le permite a la PNL propiciar cambios significativos en la vida de cualquier persona. Cada persona representa una experiencia por medio de los sonidos imágenes y sensaciones que le produjeron en el momento en que lo vivió, dándole mayor importancia a una de estas modalidades en específico.

Pero al reforzar las submodalidades y aprender a manejar de forma más eficiente toda la información a su favor se potenciará su inteligencia mejorando todas sus capacidades de comunicación escrita u oral. Al ampliar la manera en que representa su realidad, automáticamente amplía el número de herramientas de las que disponen para describir o argumentar cualquier suceso.

El proceso de cambio de ideas es mucho más sencillo cuando fortalecen todos los canales de representación interna. Para ello puedes usar la siguiente técnica:

En primer lugar, debes elegir cuál es la modalidad o el canal visual auditivo o kinestésico que debes fortalecer. En este paso, la clave es el análisis interior, detectar cuál es la forma predilecta a través de la cual comúnmente almacenamos la información.

Las personas visuales por lo general almacenan su información a través de las imágenes casi siempre hablan y caminan rápido y usan muchas expresiones relacionadas con la vista "viste esto" o "vi que reaccionaste..." Etc.

Mientras que las auditivas procesan las ideas por medio de lo que escuchan siempre están atentos al tono e intensidad de los sonidos, y por lo general son más pausados y lentos. Usan expresiones relacionadas con oír "oíste lo que dijo...".

Los kinestésicos por su parte casi siempre recuerdan cómo se sintieron físicamente ante una situación el sabor o lo que olieron y la reacción que esto les produjo. Se mueven y gesticulan mucho. Al entender cuál es el canal predilecto por el cual recibimos la información, entenderemos cuáles son los que necesitan atención y deben ser reforzados de esa forma.

Además de que mejoran nuestras capacidades, tendríamos la oportunidad de analizar las situaciones desde una perspectiva diferente, que, en ocasiones puede ayudarnos a cambiar nuestro proceder y formar nuevas y mejores ideas.

El segundo paso es seleccionar una situación con la que nos sentimos incómodos y detectar cuáles son las ideas que surgen a través de este canal sensorial. Es decir, prestar atención a cómo representamos mentalmente esa situación procurando describir con precisión todos los detalles e ideas que surgen en la mente al pensar en ello.

El tercer paso consiste en usar el canal sensorial débil o que se desea potenciar para describir de forma detallada la misma situación. Es decir, que si se trata de una persona visual y lo que se desea es potenciar el canal auditivo, se debe tratar de recordar todos los sonidos que se produjeron en dicho momento, la intensidad o volumen.

Analizar qué reacción provoca en nosotros de esta forma. El Recuerdo toma una perspectiva diferente y además de fortalecer otro canal sensorial, se producen nuevas ideas complementarias en nuestra mente, y hasta se pueden llegar a conclusiones diferentes teniendo la posibilidad de cambiar algunas ideas.

Modificar o dirigir las ideas de una persona es una tarea mucho más sencilla cuando se saben utilizar los tres canales sensoriales para mejorar sus experiencias o la perspectiva acerca de estas. Simplemente decirle a una persona que está equivocado, no hará que esta acepte nuestra proposición.

Es necesario que entienda por sí misma en qué se ha equivocado, qué es lo que no ha visto, qué es lo que no ha oído, en qué parte de la experiencia sus sentidos le han jugado una mala broma y lo han llevado a internalizar una idea o concepto que, lejos de ayudarle en la vida, le está trayendo problemas o impidiendo el progreso.

Ningún cambio es impuesto, debe existir la aprobación interna de la persona para que este se lleve a cabo. Esto sólo pasa cuando se da cuenta por sí mismo que su razonamiento está equivocado, y que puede hacer algo para mejorarlo, y la mejor forma de lograr esto es mejorando la forma en que representa internamente todo lo vivido.

LOS PILARES PARA CONCRETAR UN NEGOCIO EXITOSO UTILIZANDO ESTRATEGIAS DE PNL

Lo primero que hay que tener muy claro al momento de utilizar la programación neurolingüística para conseguir el éxito en cualquier negociación es, que debe haber una preparación previa para propiciar una relación ganar-ganar.

De esta forma, las probabilidades de que la persona acepte sin tantas resistencias las ideas que le planteamos, aumenta. A la vez, dicha experiencia se transforma en una negociación satisfactoria para todas las partes involucradas.

Para lograr esto, la mejor forma es tomar en consideración los siguientes pilares que sirven de base para triunfar en toda situación:

Objetivos claros

Ante cualquier negociación o situación de la vida, lo primero que debe hacerse es definir los objetivos. "Qué es lo que se espera conseguir con cierta y determinada acción". No se puede lograr algo si no se sabe qué es lo que se quiere. ¿Cómo puedes elegir el mejor camino si no se sabe a dónde quieres llegar? Es una regla que aplica para todo, y que con la PNL facilita el logro de las metas al delimitar claramente cuál es el propósito en el cual se centrarán los esfuerzos

Programación

Esta es la base sobre la que se ha desarrollado todo este sistema, y consiste en preparar la mente para recibir todo lo bueno que sea posible con una determinada negociación antes de que esto suceda.

Es decir que el ser positivo juega un rol determinante a la hora de llevar a cabo cualquier conversación, pues antes de iniciar ya se debe dar por sentado que se conseguirá lo esperado aún y cuando no llegue a ser así por alguna razón.

Con la PNL se reafirma que el poder de la mente es tan grande que muchas veces logra lo que nadie espera, gracias a la fuerza y determinación que se le proyecta ha determinado objetivo

Canales sensoriales

Conocer y manejar todos los conocimientos acerca de la forma en que responde cada persona antes de las diferentes situaciones, por medio del uso de sus sentidos, le da a cualquier persona la posibilidad de descubrir más fácilmente cómo puede conectarse positivamente con esta.

Así puede entender cuáles son sus necesidades y prioridades con el propósito de ofrecerle la mejor vía para conseguir que la misma se sienta satisfecha y cómoda ante cualquier negociación. Puede usar la imaginación, en dónde es posible provocar ciertas reacciones sensoriales que faciliten una actitud positiva ante cualquier propuesta.

La segunda posición

Este es un elemento que se usa en la PNL y que no es más que ponerse en los zapatos del interlocutor con el cual se pretende llegar a algún acuerdo, o que esté acepte lo que se está planteando.

Por medio de esta se pueden desarrollar sentimientos de empatía que facilita la transmisión de las informaciones y la aceptación de las mismas. Al entender lo que necesita la otra persona, es más sencillo utilizar las palabras y gestos adecuados para provocar la respuesta que se espera.

Para lograr esto, también es recomendable el uso de las preguntas abiertas para conocer sus opiniones y evitar suposiciones que puedan desviar y crear malos entendidos dentro de la negociación. Valorando la opinión de los involucrados se puede crear un clima más relajado y accesible para provocar algún cambio de decisión

Persuasión

No siempre es fácil lograr que la otra persona entienda y acepte lo que le estamos diciendo, por lo que, es importante manejar estrategias para persuadir de una manera natural a que la persona admita la posibilidad de que lo que se está planteando puede ser favorable para sí.

Que con ello obtendrá grandes beneficios, y esto de un modo u otro le proporcionará un bienestar emocional y físico. Hay que entenderlo para luego llevarlo al terreno que queremos.

Transformar objeciones

Una objeción no tiene por qué ser el punto final dentro de una negociación, todo lo contrario, es la oportunidad de transformar los pensamientos o ideas que cualquier persona puede tener con respecto a una determinada situación.

Es una oportunidad de demostrarle todas las ventajas que podría obtener al cambiar de opinión. Sólo hay que prepararse muy bien antes de ir a cualquier negociación, manejar el producto, manejar la competencia y entender que no todo está dicho, siempre podemos voltear cualquier situación a nuestro favor si hay seguridad y conocimiento.

Flexibilidad

Este es un aspecto importante de la personalidad que debe trabajar toda persona que desee utilizar las herramientas de la programación neurolingüística para conseguir cambiar algo en la mente de cualquier otra persona.

Debemos tener presente que, al no razonar de la misma manera, es totalmente lógico que no siempre recibamos la respuesta que esperamos. Hay que desarrollar una habilidad para adaptarse a las circunstancias y manejar diferentes estrategias para superar las adversidades que puedan presentarse durante la conversación

Un ejemplo común en donde es muy útil la flexibilidad es cuando se pierde la atención o interés del interlocutor. Actuando con inteligencia y concentración, puede resolverse fácilmente sacándolo de sus pensamientos y trayéndolo de nuevo a la conversación.

Hay muchas situaciones en donde este elemento es necesario. Lo importante es entender que se trata de seres humanos y que siempre pueden responder de forma diferente a lo que esperamos y prepararnos para ello.

Gestionar emociones

Por último, pero igual de importante que todos los puntos anteriores es elemental aprender a controlar las emociones y mantener un buen estado de ánimo durante cualquier conversación o negociación.

De ello puede depender el éxito de la misma en la medida en que el interlocutor se sienta más cómodo y perciba mayor coherencia entre las palabras y los gestos que está recibiendo del orador. Así sentirá más confianza en la información que está recibiendo y estará más dispuesto a cerrar exitosamente cualquier negociación.

5
RESPONSABILIDAD AL USAR PNL

Aprender a utilizar la PNL es muy beneficioso y ayuda a cumplir los objetivos personales o profesionales que nos propongamos, y esto se basa en la comunicación exitosa. Una de las premisas de la PNL es responsabilizarnos por lo que comunicamos. Siempre es importante tener sentido de responsabilidad en todas las actividades que realicemos a diario, pero aplicando especial atención a cuándo empleemos PNL.

La PNL tiene un principio de funcionamiento muy básico, y es que se debe hacer énfasis en explicar cómo, y no porque, y es que el "cómo" se enfoca en buscar soluciones y seguir adelante, mientras que el "por qué" profundiza los temas y busca confrontación.

Claro, algunos expertos llevan este concepto al extremo, pero en algunas ocasiones preguntarse por qué puede ser muy útil, sobre todo en los fracasos, aquí, por lo general sirven para estudiar nuestra evolución y nuestros errores, tanto personales como corporativos.

A pesar de que se recomienda no usar ciertas palabras o gestos, la PNL no limita. Es una ciencia abierta que puede ser practicada por cualquiera a su manera, pero la idea es seguir unos lineamientos que permiten tener mejores probabilidades a la hora de ejecutarlo.

Sentirse responsable de lo que comunicamos puede hacer que el mensaje se transmita con mucha más credibilidad. Después de todo esto, es lo más importante a la hora de intentar vender un producto o servicio, la credibilidad. Tener claro la técnica y el mecanismo de comunicación que estamos usando, garantizará los mejores resultados posibles.

Una de las mayores ventajas de la PNL es que ofrece soluciones a los problemas, es una disciplina que no cierra puertas, ni mentes, todo lo contrario, las abre.

Asumir la responsabilidad en una empresa siempre se respeta, pero asumirla para con nosotros mismos siempre resulta satisfactorio y beneficioso, aceptar nuestra responsabilidad y reconocer que la estrategia no fue exitosa, nos abre la mente para buscar una manera alternativa de afrontar los problemas, y seguramente obteniendo mejores resultados.

Entrega y compromiso son necesarios a la hora de asumir la responsabilidad en un cargo empresarial, es primordial compartir el mismo norte y objetivos de los superiores. Si eres el líder, debes tener claro que las personas bajo tu comando también son tu responsabilidad.

Somos conscientes que ningún proceso comunicacional como, por ejemplo, las ventas, o una exposición frente a un cliente, involucra dos o más partes, pero siempre debemos acercarnos con la mayor cortesía y la mejor actitud posible, después de todo, como dice la PNL, "la actitud es la clave".

Uno de los ejemplos más notorios donde debería aplicarse la PNL es en las aulas de clase. Por lo general, durante los temas más complicados o lentos, el profesor explica sin detenerse y los rostros cansados y confundidos de los alumnos sobra, y casi con seguridad, el profesor los culpará de no prestar suficiente atención. Pero el caso es el contrario, él no ha sabido interpretar a sus interlocutores.

La PNL trabaja con la responsabilidad de tal forma, que tomando como base esa responsabilidad podamos comprometernos por completo a practicar la disciplina de forma correcta para obtener los resultados positivos que estamos buscando desde un principio.

De hecho, algunos especialistas consideran que la PNL es una manera eficaz de aprender rasgos de la personalidad que nos hagan más exitosos en los ámbitos profesionales, una especie de fórmula con la misma base, pero diferente para cada individuo.

Algunos psicólogos afirman que ese es el secreto del éxito de los grandes líderes. Actúan con el pensamiento de que sus acciones mantienen al mundo en movimiento y por ello deben alcanzar la excelencia. Y si algo sale mal, no tendrán problema en decir que el fallo fue su responsabilidad.

Y claro, este patrón de conducta se repite en los buenos momentos también. No importa qué tan pequeña o grande haya sido su participación, siempre van a tender a creer que todo ha sido su responsabilidad, este tipo de conductas es muy común en los políticos que gozan de mucha popularidad.

No siempre tiene que haber sido por su intervención física, también puede haber sido por alguna idea o sugerencia suya, pero los practicantes de la PNL tienden siempre a pensar así y a intentar resolver la mayor cantidad de problemas posibles.

La mayoría de estos, incluso algunos coaches se basan en la teoría de que, "si no tenemos esta actitud frente a los problemas, básicamente somos una hoja en el viento que se limita a que las cosas pasan porque pasan", cuando sabemos que en realidad no es así, y debemos ser responsables de los resultados que obtengamos.

Esta actitud es fuertemente evitada por los líderes exitosos, y es que esta manera de pensar es prácticamente admitir que no tienes el control de tu vida. Dominar la situación es garantía de éxito, pero dejarla pasar y al azar, puede traernos resultados inesperados y que con frecuencia serán negativos o desafortunados.

A nivel de relaciones interpersonales también es importante asumir la responsabilidad de "qué" decimos y "cómo" lo decimos, por eso se dice que quien practique la PNL podrá dominar de manera casi perfecta el arte de comunicar.

Muchas veces sucede que intentamos comunicar algún sentimiento positivo como amor o cariño a un interlocutor que por algún error en la transmisión del mensaje lo malinterpreta, lo que casi siempre se traduce en una relación hostil y un deterioro de la misma.

Además de esto, usar la PNL con responsabilidad implica adaptar nuestro estilo de vida en su totalidad a ella. El tono de voz, la postura, y los gestos son de las primeras cosas que se pueden cambiar, pero va mucho más allá de eso.

Siempre se debe tener presente que la reacción positiva o negativa del receptor de nuestro mensaje, ha sido única y exclusivamente nuestra responsabilidad. Esto, puede tener repercusiones sin sentido para algunos a nivel personal, pero a nivel empresarial es mucho más importante de lo que se cree.

Una persona con una gran responsabilidad colectiva, sin duda es un coach de PNL. Esta persona, básicamente tiene la tarea de darle a los oyentes de la conferencia las herramientas necesarias para salir del hueco emocional en el que estén, y alcanzar sus logros a través de la comunicación.

Pero la responsabilidad sobre las acciones la tiene única y exclusivamente el oyente, y además de sobre las acciones, sobre los resultados. Y es que ya le han sido dadas las herramientas, queda de su parte aplicarlas.

Si conjugamos ambas, la responsabilidad también es compartida, es como en un equipo de cualquier disciplina deportiva, el entrenador tiene la responsabilidad de guiarlos, de darles la técnica, pero los jugadores de ejecutarla. Y es que el entrenador solo no puede ganar ninguna competencia, necesita de sus jugadores.

Él puede dar el máximo de su compromiso a enseñar las mejores técnicas y disciplina, y comprometerse a las decisiones que él tome. Pero no puede responsabilizarse por el desempeño de los jugadores, exactamente lo mismo sucede con la PNL. Las creencias son muy poderosas dentro del estudio de la PNL, y creer en la responsabilidad y el compromiso es de las más importantes, pero también creer en el fracaso debe ser tratado con mucho cuidado.

No debemos confundir creer en el fracaso como constante, con responsabilizar. El fracaso intoxica y nubla la mente mientras que la responsabilidad busca alternativas viables para salir del problema lo más pronto posible y de la manera que deje menos daños.

Asumir el fracaso nos afecta de inmediato, cambia la fisionomía de nuestro cuerpo y la manera en la que asumimos los problemas. Recuperarse de esta clase de golpes, si no se tienen las herramientas por lo general cuesta mucho.

El cerebro es algo muy complejo, y a menudo una pregunta que se hace cuándo se intenta entrenar a la gente en PNL. Y responsabilidad que esto conlleva es ¿Si no tuvieses miedo al fracaso que intentarías? La respuesta por lo general es una, intentarían cualquier cosa.

La PNL busca crear conciencia, despertar la chispa en el cerebro para lograr su cometido, siempre pensando en poner el máximo de los recursos disponibles con esa finalidad absoluta, sin desviar la atención, y sin pensar en el fracaso, sino más bien en trazar una ruta que lo evite por completo.

Todas las acciones producen un resultado, nos guste o no, y es nuestra responsabilidad asumirlo, incluso si no es el que deseábamos. Y si este es el caso, nos corresponde, modificar las acciones, re-direccionar nuestros esfuerzos para conseguirlo.

El perfil de los mejores líderes por lo general es similar, y comprenden que, si no logran los resultados obtenidos, no es un fracaso, más bien es una retroalimentación, pues toman todas las acciones como un ensayo, poniendo siempre el mayor cuidado posible al ejecutarlas.

Siempre que se obtienen resultados negativos, la información de todo el procedimiento que se realizó debe ser estudiada con detalle, para evitar caer en los mismos errores y obtener los resultados idóneos.

CÓMO INTERIORIZAR TODAS LAS LECCIONES APRENDIDAS

Definitivamente la mejor manera de aplicar la PNL es hacerlo un hábito, parte de nuestra rutina diaria. Adaptar nuestra personalidad al uso de la programación neurolingüística nos ayudará a hacerlo de manera inconsciente y comunicar con mucha más confianza.

La PNL y la ley de la atracción van estrechamente de la mano, y es que ambas tienen como premisa el pensamiento que: "mientras más visualicemos algo más posibilidades existirán de que se cumpla", solo que la PNL afirma que la comunicación es clave en este proceso.

Anthony Robbins, el especialista en oratoria y en PNL, asegura que lo que él llama sistema de "activación reticular", por decirlo de alguna manera, afina el cerebro, y cuando estamos completamente concentrados en conseguir un objetivo, este nota eventos, personas y discursos que se relacionan con este deseo.

Siempre de la mano de la PNL, llegamos a la conclusión de que cuanto más nos enfocamos en algo más tangible se vuelve, más cerca estamos de conseguirlo.

Un enfoque fundamental de la PNL, es la mentalidad, esto cambia de manera radical toda nuestra vida y la manera en la que percibimos y comunicamos las cosas. La PNL entra en juego cuando queremos trazar la ruta para alcanzar nuestros objetivos.

La diferencia entre un sueño y una meta concreta, es precisamente esta, la planificación y la ruta que se emplee para conseguirla. Una fecha fijada, un plazo de ejecución. Esto básicamente afirma que, si planificamos todo bien, nuestros sueños serán alcanzables.

Una manera de internalizar la PNL es interpretando los cambios de manera positiva. Por ejemplo, si se desea cambiar de trabajo, no pienses que no quieres estar en el antiguo, piensa que el nuevo te ofrece mejores posibilidades, el positivismo es la manera de lograr un desarrollo mental armonioso.

El desarrollo mental, incluye el desarrollo comunicacional o del lenguaje, otro pilar fundamental de la PNL. Y es que manejar las palabras adecuadamente nos ayudarán a alcanzar el éxito, tanto en un entorno empresarial, como personal.

Uno de los principios más fundamentales PNL, es tener una visión clara de lo que queremos conseguir al final del viaje, por eso cuando se desea internalizar la este esquema en nuestra vida diaria, es importante conocer el estado actual y el estado que nos gustaría alcanzar.

Establecer estos dos puntos, A y B, principio y fin, nos ayudarán a trazar la ruta más adecuada para alcanzarlo, siempre el objetivo es manejar los recursos de la manera más eficiente.

Definitivamente el primer paso, y el más recomendado es asumir positivamente todo lo que queremos hacer, la mente condiciona y debemos aprovechar esto de la mejor manera posible.

La PNL puede ayudarnos a cumplir nuestros objetivos, pero también a volvernos personas sobresalientes en alguna actividad o en nuestra vida diaria, siempre el objetivo es mejorar.

La PNL consiste en decidir cómo queremos afrontar los problemas a través de los pensamientos, pero también implica la manera en la que elegimos sobre nosotros mismos, sobre otras personas, y sobre el mundo.

Algunas personas describen la PNL como una actitud, y es que, esta incluye una serie de creencias, sentimientos y sensaciones, que han sido decodificadas e interpretadas por nuestro cerebro y que han sido vividas casi siempre a nivel personal.

Richard Blander insiste en que la actitud es el reflejo de las creencias de las personas, y por eso la PNL es a veces interpretado como tal. Incluso, él insiste que, si crees que las cosas son posibles, no necesariamente lo intentarás hacer todo, pero si la actitud ante la vida es la correcta, y la cantidad de veces que lo intentes, lo vas a lograr.

Otra manera muy inteligente de interiorizar la PNL, es entender cómo filtrar los pensamientos, por ejemplo, si vamos a hacer algo, se hace. Pero si decides no hacerlo simplemente evita pensar en ello, pues estos pensamientos desgastan y restan atención.

Muchas personas no practican esto, y por otro escogen procrastinar, esperar, retardar, y hasta posponer las cosas que deseas hacer, perdiendo tiempo y apartándonos de nuestras prioridades, lo que vuelve todo el proceso improductivo y desgastante para la mente y el cuerpo.

Este principio también dice que hay que pensar a lo grande, y ejecutar a lo grande, que, a menor escala, entonces lo más lógico sería hacer lo que sea necesario, y esta actitud transforma, abre el entendimiento y permite superar los obstáculos, permitiendo que la persona crezca a nivel personal.

Además, la PNL afirma que la vida se desarrolla en tres frentes y relaciones, las cuales son, el medio ambiente, los otros, y con nosotros mismos. Incluso, algunos expertos, incluso aseguran que esto se manifiesta a niveles neurológicos.

Pero a su vez, los tres frentes son uno solo que se manejan de tal manera, es decir, hacen un ecosistema que está interconectado y uno depende del otro. Por lo que el equilibrio es tremendamente necesario, por lo que, si uno de ellos cambia, los otros dos se adaptan para mantener el sistema trabajando de manera integral.

Por lo que aprender a ejecutar la PNL se puede hacer inconscientemente y de manera sistemática, y es que el ser humano como individuo, es indivisible, cuerpo, mente y alma no se pueden separar y muchas veces se alcanza el nivel más alto de estos con la puesta en práctica de la programación neurolingüística.

Conjugando estos tres elementos podemos convertirnos en nuestros propios coach de PNL, aprovechar al máximo sus beneficios y los resultados positivos que puede traernos, todo esto, se debe poner en práctica la mayoría de las veces posibles en nuestra vida diaria.

La PNL desde su creación, se ha caracterizado por buscar crear vínculos a través de la comunicación, de hecho, ese es parte de su ADN, las buenas relaciones interpersonales. Utilizando herramientas que están al alcance de todos nosotros, pero que han sido refinadas a través de muchas investigaciones.

Este sistema de aprendizaje está en constante evolución y se adapta como vayan surgiendo los resultados, tanto a nivel individual como corporativa. Esto es muy conveniente para el dinamismo con el que se desenvuelven los hechos hoy en día, donde todo se quiere de inmediatamente, dominar la PNL nos ayuda a llevar esto de la mejor manera.

Incluso, algunas personas argumentan de que la PNL ha sido sustituto para maestros y psiquiatras, porque confían en que la superación personal y la autoayuda como un medio de cambio para sus vidas, le dan giros, pero siempre positivos y de manera sistemática.

Los especialistas afirman que siempre que domines la programación neurolingüística y adquieras las habilidades relacionadas a ellas, te acompañarán siempre en todo tipo de situaciones, de las que claramente podrás salir con menos dificultad que cualquier otra persona. O, si así lo quieres, destacar en ventas o en captación de clientes si te dedicas al marketing.

La PNL te llena de positivismo y permite mejorar el estado de ánimo en general, salir de situaciones negativas, y ayudar en general al desarrollo positivo de nuestro día a día, pues permite interactuar de manera satisfactoria con todos los que nos rodean, tanto a nivel personal como laboral.

Esto se relaciona de cierta manera con estudios que han demostrado que utilizar PNL para manejar el estrés y las preocupaciones son una terapia muy efectiva, y fue ideado por Richard Blander, co-creador de esta disciplina.

La preocupación, como el fracaso, es considerado por la PNL como un estado tóxico, dañino para el cerebro y para la personalidad, por lo que siempre es recomendable manejarlo con muchísimo cuidado, o en la medida de lo posible, evitarlo, y es que inconscientemente se manifiesta en los gestos, en el estado de ánimo, y muchas veces, en la salud.

Las personas que viven preocupadas muy poco se sienten bien, se abruman ante los problemas, se paralizan. La PNL es una manera efectiva de aprender a manejar esto mucho mejor, que siempre se va a traducir en mejoras a la calidad de vida de nosotros y de quienes nos rodean.

Es muy peligroso para la salud que un estado de preocupación profunda se instale en nuestro cerebro. Después que se aloja allí, cuesta muchísimo hacerlo salir, se vuelve algo crónico y se traduce en una vida alterada o llena de situaciones de riesgo.

Algunas veces la PNL sugiere tomar distancia, ver las cosas desde lejos y con otra óptica. Asumir estos retos desde un flanco diferente y siempre concentrarnos en las soluciones más que en los problemas, encasillarse en estos últimos nunca resulta beneficioso, si no por el contrario, nos impide avanzar.

Esto refuerza la teoría de que la PNL nos permite manejar exitosamente nuestros estados de ánimo, afrontar situaciones negativas y tener éxito en labores comunicacionales, siempre, consiguiendo el balance adecuado entre persona y colectivo.

La mejor manera de aplicar los conocimientos sobre PNL es aprendiendo a gestionar el estado interno de nuestra personalidad, y es que permite intervenir directamente sobre nuestras propias capacidades y establecer metas tangibles en el plazo que hayamos decidido.

ACERCA DEL AUTOR

A modo de concluir con este libro y agradecerte por tomarte el tiempo de leerlo, quería aclarar algunas cosas antes de culminar.

No se obtienen resultados solo hablando así que, está bueno que hayas tomado la decisión de comenzar con la psicología neurolinguistica, y comprar este libro fue el primer paso, pero en este momento quiero que te motives y tomas acción masiva hacia tu objetivo ya sea liberar tu mente, dejar de lado el estrés, mejorar situaciones de tu vida que actualmente te preocupan, saber controlar tu mente, etc., La PNL no es una caminata, es una carrera y debes llegar hacia el final y como toda carrera te tienes que preparar de a poco para llegar al final, no te lanzas de una a correr sin ninguna intención ni ningún objetivo en la cabeza.

Por ultimo me gustaría pedirte que si encontraste en este libro una gran ayuda, me gustaría saber tus comentarios dejándome una review de este libro para poder mejorarlo y continuar brindando grandes libros a ustedes, mis lectores, a los cuales aprecio mucho.

Sin más, me despido
Un abrazo grande
OLIVER ALLEN

www.ingramcontent.com/pod-product-compliance
Lightning Source LLC
Chambersburg PA
CBHW021449070526
44577CB00002B/323